赵丽宏阅读课

但丁的目光

赵丽宏 著
尉迟克冰 注

中国纺织出版社有限公司

内 容 提 要

赵丽宏的散文符合当下文学审美的趋向，作品言之有物，注重思想性、艺术性、可读性以及对青年人和后来者的引导性；立足时代高度，反映社会现实生活和社会底层生活，具有积极的现实意义。本书分为晶莹的瞬间和时间断想两部分，收录了赵丽宏不同阶段的散文作品，非常适合小学高年级和初中生、高中生阅读。本书的创新之处在于，每篇文章的精彩语句、重点段落，或文章主旨、中心思想处均作了批注，在文章之外更添阅读乐趣，也更适合学生以此作为提高语文阅读解题能力的日常学习资料。

图书在版编目（CIP）数据

赵丽宏阅读课. 但丁的目光 / 赵丽宏著. -- 北京：中国纺织出版社有限公司，2021.6
ISBN 978-7-5180-8469-2

Ⅰ.①赵… Ⅱ.①赵… Ⅲ.①阅读课—中小学—教学参考资料 Ⅳ.① G634.333

中国版本图书馆 CIP 数据核字（2021）第 060473 号

策划编辑：胡　明　　责任编辑：张　强
责任校对：楼旭红　　责任印制：王艳丽

中国纺织出版社有限公司出版发行
地址：北京市朝阳区百子湾东里 A407 号楼　邮政编码：100124
销售电话：010 — 67004422　传真：010 — 87155801
http://www.c-textilep.com
中国纺织出版社天猫旗舰店
官方微博 http://weibo.com/2119887771
天津千鹤文化传播有限公司印刷　各地新华书店经销
2021 年 6 月第 1 版第 1 次印刷
开本：880×1230　1/32　印张：10.25
字数：145 千字　定价：45.00 元

凡购本书，如有缺页、倒页、脱页，由本社图书营销中心调换

作者简介

赵丽宏,散文家、诗人。1952年生于上海市区。1969年曾到故乡崇明岛"插队落户",其间开始写作诗歌和散文。1982年毕业于华东师范大学中文系。大学毕业后当过《萌芽》杂志编辑,后应聘为上海作家协会专业作家。现为中国作家协会全国委员会委员,上海作家协会副主席,《上海文学》杂志社名誉社长,《上海诗人》主编。著有诗集、散文集、报告文学集等各种专著共八十余部，有十八卷文集《赵丽宏文学作品》行世。

作品曾数十次在国内外获奖，散文集《诗魂》获新时期全国优秀散文集奖，《日晷之影》获首届冰心散文奖，有十多篇散文被收入国内中小学和大学的语文课本，有多篇作品被收入中国香港和新加坡的中学中文课本。

作品被翻译成英、法、俄、日、韩、西班牙、乌克兰、保加利亚、马其顿、塞尔维亚、罗马尼亚、波兰、阿拉伯、波斯等多种文字在海外发表出版。

2013年获塞尔维亚国际诗歌大奖——"斯梅代雷沃城堡金钥匙奖"，2014年获上海市文学艺术杰出贡献奖。2019年获罗马尼亚爱明内斯库国际诗歌大奖。被授予北京师范大学－香港浸会大学联合国际学院名誉院士，欧洲科学、艺术与人文学院院士，欧洲托弥诗歌学院院士。

注者简介

尉迟克冰,散文作家、词作家,供职于河北省文联。中国音乐家协会会员、中国散文学会会员、河北省作家协会会员。代表作品有《信任》《我总是无法缓和自己的呼吸》《脚步》《心向远方》等,曾获第五届冰心散文奖、河北省"文艺振兴"奖、河北省"五个一工程"奖等奖项,《脚步》入选第五批"中国梦"主题新创作歌曲名录。

代序：青春、文学和我们的时代——答问录

徐芳：虽然您的文字以优美抒情见长，但其背后似乎却是脱不出那种来自遥远的"指点江山激扬文字"的情结？您在作品中对岁月的那种勾连，似也可以从中解读出您的内心和担当。如果从生命消长的进程来说，我们早已过了"把栏杆拍遍""念天地之悠悠，独怆然而涕下"的年龄了。但对一个散文家和诗人来说，童年、青春意味着什么？时代又意味着什么？

赵丽宏：我的文字有什么特征，我自己无法说清楚。我们的汉字是人类文字中最有表现力的文字，同样一种意象或者一个景象，不同的写作者可以用完全不同的词汇和文字风格来表现。多年前在新加坡和当地的文学青年谈写作，我曾告诉他们，作为一个中国作家，能用汉字写作，是我的幸运和骄傲。新加坡的年轻人听到这样的话，有些震惊。他们都是华裔，能说汉语，但书写主

要是用英文。后来有一位听过我演讲的新加坡学生给我写信,说她是第一次听人这样赞美汉语,她希望自己今后也能用自己的母语写作。她随信寄来了她用汉语写的习作,虽然有些幼稚,但可以看到她的努力。她的习作中用了很多成语,形容词也用得特别多,有些形容,其实是多余的,读起来给人臃肿累赘的感觉。我回信告诉她:文学表达的高境界,其实应该用朴素简洁的文字来表达世界的丰繁和人心的幽邃。譬如李白的《静夜思》,"举头望明月,低头思故乡",用的是最直白简单的文字,却表达了思乡游子深沉的感情,读者能从中体会到无穷的情思。回溯我的创作,不同的年龄段,我的文字风格还是有点变化的。年轻时,我曾经追求过文字的绮丽华美,这对一个写作者其实不难。但是我后来发现,绮丽华美,绝非文学表达形式中的最高境界。写出动人的诗篇,不在于文字的华美,而在于是否有新鲜独特的意象,是否表达了真挚深刻的情感和思想。而这些,用朴素的文字完全能表达。这些年,我是尽量在这么做,读者也应能发现我的努力。陈子昂和辛弃疾的诗篇,并不是年轻人的激情宣泄,而是经历了人世沧桑之后的深沉咏叹,也许，我们这样的年龄，依然可能拍遍栏杆而四顾茫然，面对着天地的辽阔、世事的浩繁，徒生苍凉之感。童年，意味着生命中遥远而亲切的回忆，意味着曾经有过的天真和单纯，意味着逝去的岁月。对青春的解释，每个人也许都不一样。当然，青春一定是我们曾经年轻烂漫的生命，是理想和激情燃烧的日子。如果以生理的角度，那么，鬓发飘雪，肌肤衰老，青春的逝去无可奈何；但若以精神的层面，那么，只要心中还有梦想，还有爱的信念，还有追寻人生和艺术真谛的心愿，青春在我们的生命中便不会老去。

徐芳：对于中国这样一个有着两千多年文学历史的国度，乡土文学传统源远流长，积累深厚。写作者对此也是轻车熟路，闭上眼睛，脑海里立马会浮现出生动的文学形象。可一旦涉及城市生活，写作者普遍会有一种脱节感，感觉与对象之间有一种错位，不知道城市该用哪些文学意象和符号来表现。还有人断言：上海无诗！还有人说："在上海写诗，是个矛盾语"……您是怎么解决这个"矛盾"的？

赵丽宏：中国的文学史，远不止两千多年，《诗经》

中的作品，最早诞生在三千多年前。我相信还有更早的用文字创造的文学作品。这是中国人引以为骄傲的事情。中国几千年历史，进入现代社会之前，基本是农耕社会，传世的文学作品，当然大多以山林自然为描写对象，若写到故乡，也多是乡村，是和大自然相关联的。在诗人的作品中，故乡就是一间草屋，一缕炊烟，一条河，一棵树，一弯荷塘，一片竹林，一群牛羊，一行归雁。所谓"乡关""乡梦""乡情""乡愁"，很重要的一部分就是诗人对童年时代所相处的大自然和乡村的依恋、向往和怀念。羁旅途中，眼帘中所见也多是乡野山林，触景生情，引发乡愁，是很自然的事情，譬如宋人王禹偁的怀乡妙句："何事吟余忽惆怅，村桥原树似吾乡"，就是由此而生。近一个世纪以来的中国现代白话诗，也是延续了这个传统，那是因为那个时代的诗人，大多也来自乡间。但是时代发生了变化，现在的很多诗人，出生在城市，成长在城市，他们的童年和故乡，就是城市。这和古代诗人完全不同。如果还要在诗中学古人，学出自乡村的前辈，那就不合情理了。譬如我，我的故乡就是上海，所有童年的记忆，都发生在这个城市中，羁旅在外，思乡之情都是和这个城市发生关联。我想，和我同时代的或者比我小的诗人，大致也是这个情况。写城市的诗篇中，出现了很多古诗中没有的意象，楼房、街道、工厂、商店，人山人海，也许很多人认为这些意象与诗无关，其实不然。所谓诗意，未必只和特定的对象发生关系，只要心中有诗意，有对美的追求和向往，有灵动的想象之翼在心头扇动，天地间的一切皆可入诗。故乡到底是什么？其实不仅仅是具体的地域，更是感情的寄托，父母亲情，手足之情，儿时的伙伴，一段往事，一缕乡音，都可能是记忆中故乡的形象，这些无关乡村还是城市。我写过一首长诗《沧桑之城》，是写我心目中的上海，写我对这座城市的感情，我的童年，我的父母，我的朋友，我对历史和未来的探寻和思索，都和这座城市相关。在这本诗集的扉页上，我题写了这样一句话："谨以此诗献给我的故乡之城上海"。这是由衷之言，发自肺腑。"在上海写诗，是个矛盾语"，这是非常奇怪的话，这样的说法才是矛盾语。时代和生活的变化，必定会使文学创作的内容乃至形式发生变化。这也给诗人的创作提供了创新的条件。上海当然不是一个无诗的城市，从

"五四"新文化运动以来,上海出现了很多优秀的诗人,很多诗歌的流派源自上海。当下的上海,也是诗歌创作非常活跃的城市。这是无须我多说的。其实,除了写诗,我更多的是用散文的形式抒写来自生活的感受,散文和诗不是同一文学体裁,但追求和表达诗意,却也是殊途同归的。

徐芳:茅盾《子夜》对20世纪二三十年代上海城市生活的描写,与哈代有点类似,他以局外人的身份看待城市,对城市生活给予批判。这种批判,体现出作家本人的生活经验和成长记忆。您又是怎么看待上海的生活?最近你出版的长篇小说《童年河》,引发很多好评,这是你对此作出的相应的文学表达吗?

赵丽宏:很多作家在他们的小说中对城市生活表现出一种极为复杂的感情,城市把各种不同地域的人集中在一起,凸显贫富的差别,在泛滥的欲望中,也泛滥着人性中的贪欲和丑恶。拥挤,压迫,浑浊的空气,被排挤和放逐的自然和天籁。文学家的目光绝不会放过这一切,表现这些,也不能说是对城市生活的批判。城市生活中也有美好的人性闪光,也有诗意的温情。生活在城市底层的人群中，有艰辛的拼搏和挣扎，也有憧憬和追寻，形形色色的人群，酸甜苦辣的生涯，融合成城市生活的五光十色。谁也无法对上海的生活一言以蔽之，上海是一个海，是一个人生的染缸，是一个可以包容人间所有情绪和期冀的杂色汪洋。我一直记得童年时在夏日的夜晚，躺在屋脊上仰望星空，看月亮，看银河，等待流星划破夜幕，这时，黑色屋脊下面有喧嚷的市井人声飘出，空中响起黄浦江轮船的汽笛，还有海关的钟声。《童年河》是我的第一部长篇小说，因为是些童年生活，小说的主人公也是孩子，所以被归入儿童文学。小说写的是20世纪五六十年代的上海城市生活，我没有想过要批判城市生活，只是写我曾经在那个时代感受到的人间真情。城市在变化，生活也在变化，但人心中有些东西是不会改变的。我写的是那些不会改变的东西，所以和我同辈的读者也许会产生共鸣，而这个时代的孩子，也不会感觉遥远和陌生。正如我在小说后记中所说："不管我们所处的社会和生活状态发生多大的变化，有些情感和憧憬是不会变的，譬如亲情，譬如友谊，譬如对幸福人生的向往。童心的天真单纯和透明澄澈，也是不会改变的。

徐芳：年前您得了塞尔维亚的国际诗歌金钥匙奖，此前莫言更是获得了诺贝尔文学奖。中国人的情感与精神面貌，是否通过过去和当下的文学创作，已源源不断地向世界传递？您如何评价21世纪以来的文学发展？是否有目标，有期许？

赵丽宏：世界对中国当代文学的重视程度，是前所未有的。这很正常，中华民族伟大复兴的前进步伐势不可当，西方世界关注并重视中国发生的所有一切，当然也包括文学。莫言获诺贝尔文学奖，使世界文坛对中国当代文学刮目相看。最近几次去欧洲访问，在荷兰和丹麦，在法国，我都在那里的书店中看到不少被翻译出版的中国当代文学作品。莫言的小说，以显赫的地位陈列在书店的最显眼处。说中国人的情感和精神面貌正在通过文学被世界了解，当然没有错。最近几十年中国的文学创作成果是丰硕的，改革开放带来的生活多样性，为中国作家提供了取之不竭的创作源泉。可以说，中国文学在当今世界文学之林是一棵生机勃勃的大树，花果满枝。但是，必须指出的是，和中国对西方文学的翻译推荐的规模和深度相比,西方世界对中国当代文学的翻译介绍是极不对称的。西方对中国文学的了解,还非常粗疏浅薄,还局限在一些所谓"汉学家"的书斋里。对中国文学的这棵大树,很多人并不认识,甚至视之为草芥。我想,我们也不必为之焦灼烦躁,只要中国的文学家都能沉下心来,脚踏实地,大胆创作,用我们引以为骄傲的文字,写属于我们自己的故事,抒发真挚的感情,表达我们对世界的思考和憧憬,中国文学这棵大树会越来越繁茂挺拔,这种不对称,一定会逐渐得到改变。

(徐芳为《解放日报》记者)

目录

上篇：晶莹的瞬间 …………………… 001
  水迹的故事 …………………… 003
  囚蚁 …………………… 007
  大自然的恩赐 …………………… 011
  小草和绿洲 …………………… 016
  哀驴 …………………… 021
  火光 …………………… 026
  不褪色的迷失 …………………… 029
  相思鸟 …………………… 037
  晶莹的瞬间 …………………… 041
  死之印象 …………………… 047
  祈望 …………………… 057
  秋兴 …………………… 060

土地啊 …………………………………… 065
远去的歌声 ………………………………… 073
飞来树 …………………………………… 079
炊烟 ……………………………………… 082
别情 ……………………………………… 087
晚香玉 …………………………………… 094
秋天的树 ………………………………… 098
会思想的芦苇 …………………………… 104
记忆中的光和雾 ………………………… 109

下篇：时间断想 ………………………… 129
诗意 ……………………………………… 131
天上花，湖里梦 ………………………… 139
我亲爱的母亲河 ………………………… 148
血与沙 …………………………………… 156
特奥蒂瓦坎之夜 ………………………… 169
与象共舞 ………………………………… 174
邂逅富士山 ……………………………… 179
异乡的天籁 ……………………………… 183

沉船威尼斯 …………………………… 190

寻找大卫 ……………………………… 196

但丁的目光 …………………………… 202

庞贝晨昏 ……………………………… 208

在柏林散步 …………………………… 214

莫扎特在这里出生 …………………… 222

遥望泰姬陵 …………………………… 230

美人鱼和白崖 ………………………… 237

在大街上 ……………………………… 239

美人鱼 ………………………………… 245

他是个美男子 ………………………… 251

白色纪念碑 …………………………… 259

时间断想 ……………………………… 264

在我的书房怀想上海 ………………… 270

日晷之影 ……………………………… 278

印象·幻影 …………………………… 297

上篇：晶莹的瞬间

水迹的故事

对我们这代人来说，艺术曾经是一种不能多谈的奢侈品。这两个字和一般人似乎并无关系，只是艺术家们的事情。其实生活中的情形并非如此，<u>艺术像一个面目随和、态度亲切的朋友，在你不经意的时候，她突然就可能出现在你的身边，使你知道她原来是那么平易近人。</u>只要你喜欢她，追求她，她总是会向你展示动人的微笑，不管在什么地方，在什么时候，她都会翩然而至，给枯燥乏味的生活带来些许生机。

小时候，我曾经做过当艺术家的梦，音乐，绘画，雕塑，这些都是我神往的目标。我可以面对一幅我喜欢的油画呆呆地遐想半天，也会因为听到一段美妙的旋律而激动不已。

> 揭开艺术神秘的面纱，它其实就在我们身边，只要你有足够的想象力和创造力，就会走进艺术殿堂，你的生活会因此而充满生机。

然而那时看画展、听音乐会的机会毕竟很少，周围更多的是普普通通的人和物体，而且大多色彩暗淡。不过这也不妨碍我走进艺术的奇妙境界。

童年时代，我曾经住在一个顶棚漏水的阁楼上。简陋的居所，也可以为我提供遐想的天地。晚上睡觉时，头顶上那布满水迹的天花板就是我展开想象翅膀的天空。<u>在这些水迹中，我发现了各种各样的山、树、云，还有飞禽走兽、妖魔鬼怪，当然，也有三教九流的人物，有《西游记》《水浒》和《封神榜》中种种神奇的场面。</u>我经常看着天花板在床上编织许多稀奇古怪的故事，睡着以后，梦境也是异常的缤纷。

有一天下大雨，屋顶上漏得厉害，大人们手忙脚乱地忙着接水，一个个抱怨不迭，我却暗自心喜。因为我知道，晚上睡到床上时，天花板上一定会出现新的风景和故事。那天夜里，天花板上果然出现了许多奇形怪

> 孩子的眼中，世界总是那么丰富而有趣。一双善于发现的眼睛可以让生活更加美妙。

状的水迹。新鲜的水迹颜色很丰富，有褐色，也有土黄，还有绛红色。我在这些斑驳的色块和杂乱无序的线条中发现了惊人的画面。那是海里的一个荒岛，岛上有巨大的热带植物，还有赤身裸体的印第安人。有一个印第安人的头部特写给我的印象特别深刻。那是一个和真人一样大小的侧面头像，那印第安人有着红色的脸膛，浓眉紧蹙，目光里流露出忧郁和愤怒。他的头上戴着一顶极大的羽毛头冠，是很典型的印第安人的装束。看着天花板上的这些图画，我记忆中所有有关印第安人的故事都涌到了眼前。那时刚刚读过笛福的《鲁滨逊飘流记》，小说中那些使我感到神秘的"土人"，此刻都出现在我眼前的天花板上，栩栩如生地对我挤眉弄眼。在睡眼蒙眬之中，我仿佛变成了流落孤岛的鲁滨逊……

看天花板上的水迹，是我儿时的秘密的快乐，是白天生活和阅读的一种补充。谁能这篇文章让我想到清代文学家沈复的《浮生六记·闲情记趣》中的一段描写，"夏蚊成雷，私拟作群鹤舞于空中，心之所向，则或千或百，果然鹤也……"在孩童眼中，原本可恶的蚊子可以被想象成群鹤在飞舞。固其见藐小之物必细察其纹理，故时有物外之趣。童真、无拘无束的想象力，长大后就真的注定要失去吗？

体会一个孩子凝视着水迹斑斑的天花板而产生的美妙遐想呢？现在，当我躺在整洁的卧室里，看着一片洁白的天花板，很自然地会想起童年时的那一份快乐。这快乐，现在已经很难得了。于是，在淡淡的惆怅之后，我总是会想，人的长大，是不是都要以牺牲天真的憧憬和无拘无束的想象力作为代价呢？

囚蚁

童年时曾经认为世界上所有的动物都可以由人来饲养，而且所有的动物都可以从小养到大，就像人一样，摇篮里不满两尺长的小小婴儿总能长成顶天立地的大巨人。连蚂蚁也不例外。在歌子里唱过"小蚂蚁，爱劳动，一天到晚忙做工"，所以对地上的蚂蚁特别有好感，常常趴在墙角或者路边仔细观察它们的活动，看它们排着队运食物、搬家，和比它们大无数倍的爬虫和飞虫们作战……大约是五岁的时候，有一天我和妹妹忽发奇想：为什么不能把蚂蚁们放到玻璃瓶里养起来呢？像养小鸡小鸭那样养它们，给它们吃，给它们喝，它们一定会长大，长得比蟋蟀和蝈蝈们还要大。

这件事情并不复杂。找一个有盖子的玻璃药瓶，然后将蚂蚁捉到瓶子里，我们一共捉了十五只蚂蚁，再旋紧瓶盖。这样，这十五只蚂蚁便有了一个透明整洁的新家。我和妹妹兴致勃勃地观察着蚂蚁们在瓶子里的动静，只见它们不停地摇动着头顶的两根触须，急急忙忙地在瓶子里上下来回地走动，似乎在寻找什么。<u>我想它们大概是饿了，便旋开瓶盖投进一些饭粒，可它们却毫无兴趣，依然惊惶不安地在瓶里奔跑。</u>它们肯定在用它们的语言大声喊叫，可惜我听不见……第二天早晨起来，第一件事情就是看玻璃瓶里的蚂蚁。只见那十五只蚂蚁横七竖八躺在瓶底下，安安静静地一动也不动，它们全都死了。我和妹妹很是伤心了一阵，想了半天，得出结论：是因为药瓶里不透气，蚂蚁们是闷死的。（现在想起来更可能是瓶里药味使小蚂蚁们送了命。）

原因既已找到，新的办法便随之而来。

> 将蚂蚁囚起来养，等于剥夺了它们的自由，它们对饭粒不感兴趣，在瓶子里惊惶不安地奔跑，是它们在用行动表达不满和抗议。

我找来一只火柴盒子，准备为蚂蚁们做一个新居。怕它们再闷死，我命令妹妹用大头针在火柴壳上扎出一些小洞眼，作为透气。当时已是深秋，天气有些冷，于是妹妹又有新的担忧："火柴盒里很冷，小蚂蚁要冻死的！"对，想办法吧。在妹妹的眼里，我这个比她大一岁的哥哥是无所不能的。我果然想出办法来：从保暖用的草饭窝里抽出几根稻草，用剪刀将稻草剪碎后装到火柴盒里，这样，我们的蚂蚁客人就有了一个又透气又暖和的新家了。我和妹妹又抓来一些蚂蚁关进火柴盒里，还放进一些饼干屑，我们相信蚂蚁们会喜欢这个新家。遗憾的是不能像玻璃瓶一样在外面观察它们了。但可以用耳朵来听，把火柴盒贴在耳朵上，可以听见它们的脚步声。这些窸窸窣窣的声音极其轻微，必须在夜深人静时听，而且要平心静气地听。在这若有若无的微响中，我曾经有过不少奇妙的遐想，我仿佛已看见那些快乐的小蚂蚁正在长大,它们长出了美丽的翅膀,像一群威风凛凛的大蟋蟀……

然而我们的试验还是没有成功。不到两天时间,火柴盒里的蚂蚁们全都逃得无影无踪。我也终于明白,蚂蚁们是不愿意被关起来的,<u>它们宁可在墙角、路边和野地里辛辛苦苦地忙碌搏斗,也不愿意在人们为它们设置的安乐窝里享福。对它们来说,没有什么比自由的生活更为可贵。</u>

> 真正的自由属于那些自食其力的人,并且在自己的工作中有所作为的人。鲁迅说:"贪安稳就没有自由,要自由就要历些危险。只有这两条路。"一只小小蚂蚁都能做到这些,我们人类呢?

大自然的恩赐

关于春天的许多记忆都充满诗意，即便是在苦涩的岁月。这些记忆似乎构不成完整的故事，只是几个简单的细节，一些动人的印象，甚至只是一个美妙的瞬间，然而却历久而不忘。那种感觉，过了几十年还是清晰如初。

二十多年前，我曾离开上海客居在苏南的一个小村庄。那是一个寒冷的冬天，冰雪覆盖了一切，世界变得惨白而单调。在寒风中行走，觉得自己就像是在冰雪中颤抖的一根枯枝，孤独无望，不敢想明天会怎么样。那年的冬天似乎特别长，二三月的天气，依然冰霜铺地，看不到春天降临的迹象。一天早晨，踏着浓霜在湖畔行走，我的眼睛蓦然一亮：罩着霜花的湖沿冻土中，竟钻出了几根粉红色的小尖芽！这是芦芽。这些又细又小的芦芽，看上去那么嫩，那么可怜。使我惊讶的是，它们怎么能从还未开冻的泥土中钻出来？湖沿儿上那些冻土简直就像石头，可以使锋利的铁锹卷刃。整个冬天，冻土都以威严强悍的面貌傲视着世界。阳光的照射可以使它们融化于一时，但是只要夜幕降落，只要寒风一起，它便悄然封冻，成为铁板一块，连顽强的蚯蚓们也无法突破它对大地的封锁。<u>而又嫩又小的芦苇却犟头倔脑地从冻土下钻出来了。这是生命创造的奇迹，是春天最初的脚步。</u>我无法想象芦芽钻出冻土的过程，这过程一定痛苦而又漫长，需要恒心，需要忍耐，需要日复一日的等待……此后，我每天都以一种欣喜的心情观察这些芦芽，看它们一天天长高，逐渐抽出青青的嫩叶，长成一株株纤秀的小芦苇。我为芦苇的生命力而惊叹，也为姗姗来迟的春天而欣慰。

芦芽是多么顽强勇敢，多么有恒心与毅力，连铁锹都奈何不了那坚硬的冻土，而小芦苇芽却用自己纤弱的身体，钻破冻土，让它的绿色点缀于早春，让生命在抗争与搏击中彰显了伟大的力量。用它稚嫩的腰杆撑起一片天！

春天真是说来就来。几乎就在芦苇吐绿的同时，整个大自然都开始从冬眠中苏醒过来。枯枝上爆出了湿润的、毛茸茸的绿芽，田头路边的青草悄悄地蔓延开来。灰色的远山渐渐泛出青翠的绿，沉寂的湖水也变得澄澈晶莹……说不清这些变化发生于何时，似乎就是一夜之间的事情。最动人的，是南来的候鸟。燕子成双成对掠过水面和树林，到处听见它们快乐的呢喃。这些活泼的小鸟一点儿也不惧怕人类，不仅在人们头顶盘旋，还飞进屋里，在房檐下筑窝。有两只燕子就把窝垒在我窗下的房梁下。它们的工作引起我极大的兴趣。我看着它们用小嘴衔来泥和草，来来回回飞了无数次，终于营造起一个小小的窝。那种锲而不舍的恒心使我感动。那个燕窝离我非常近，我开窗伸手就可以摸到它。两只小燕子于是成了我的邻居，我一有空儿就静静地观察它们，看它们快活地忙碌。它们有时甚至飞落在窗台上，我可以看

"爆"字用得极准确，春的气息带来万物生长，变化之快之大跃然纸上，仿佛眨眼之间，枝上就长出了绿芽。

"蔓延"形象地表现出：春意弥漫开来，大自然在春风中苏醒，铺天盖地是春的气息，绿的生机。

清楚它们身上每一根亮晶晶的羽毛……一天夜里刮风,我听见窗外有燕子惊惶的叫声传来,第二天早晨开窗一看,那燕窝已被风刮落,两只燕子也不知去向。这使我惆怅了好久。

然而大自然中生命的歌唱却越来越热闹。印象最深的是湖中的鹭鸶。早晨,太阳还没有升起来,薄雾像若有若无的轻纱在湖面上飘。湖心那片稀稀朗朗的芦苇丛里有雪花似的小白点一闪一闪。那便是鹭鸶。这时候它们是朦胧的,只是一点点白色的小精灵,是昨夜梦境的残片,飘荡在宁静的空气中。薄雾散去,玫瑰色的朝霞浸透了湖波。这时便能很清楚地看见鹭鸶们悠然舞动的白色翅膀,这些自由自在的生命,如同从红霞里浮出的一片片白云。它们不时飞离水面,在苇丛上空飞翔一圈,然后落下来引颈长鸣,好像是在欢呼春天的到来……

陶醉在春日生机盎然的清新之中,我似乎暂时淡忘了人世的艰辛和烦恼,也由此生发出许多美好的联想。这是大自然的恩赐。

白天劳动筋骨之后,晚上居然还有兴致写诗。

我曾经这样写:不管生活的色彩如何黯淡,春天的容颜永远美丽而新鲜……

小草和绿洲

一

我曾经到过沙漠和戈壁滩。在浩瀚无涯的荒凉中,哪怕见到一棵小小的绿草,也会感到惊喜和亲切。在严酷的自然中,一棵小草的出现,往往是一种接近绿洲的信号,更是一种生命的宣言。这宣言要向世界宣称的是:顽强坚忍的生命,在任何时候、任何环境下,都不会屈服!

二

绿洲是永远不会消失的,尽管它可能在遥远的地方。当然,并非人人都能寻找到那

"绿洲"是成功与希望的象征,"沙漠和戈壁滩"是人生困境的象征。"小草"是在困境中顽强拼搏的勇敢坚韧者的象征,也是微弱的希望之光的象征。

片绿洲。

有些人,可能已走近绿洲,却仍会失之交臂,甚至会在离绿洲不远的荒芜中躺倒,饥渴待毙。绿洲对于他们只是梦幻,他们认为梦永远不会变成现实,于是连做梦的兴趣也已丧失,哪里还会有耐心和毅力去寻找绿洲……

这时,如果有一棵翠绿的小草突然出现在他们绝望的视野里,该有多么好!

三

小草和绿洲之间,毕竟不能画等号。两者的差距还非常遥远。然而谁能否认,希望之光,有时往往像一茎小草那样弱小而不显眼。悲哀的是,那些从此紧锁了门窗的心灵,再不愿发现黑暗中的微光,不愿在小草前停下脚步,听一听这绿色小生命的呼唤,然后再走向远方。

你不相信吗？小草是一些神奇的手指呢！

四

我也看见过沙漠中的废墟。这是被先人遗弃的城市的残骸，宫殿、庙堂、市场、民宅……轮廓尚存，千百年前的繁华还依稀可辨。我曾经困惑：古人为什么会抛下他们世代生息的城市？是什么动力使他们背井离乡？

在看不见任何生命踪迹的废墟中，我似乎找到了答案。烈日下，道路和房屋的残垣正在龟裂，裂缝像干渴绝望的嘴唇……废墟内外看不见一丝野草！我想，一定是炎热、干旱和无情的流沙，把这里的居民逼上了逃亡之路。与其等死，不如去寻找新的绿洲。是远方的绿洲召唤他们离开了死亡之地，尽管这死亡之地曾是他们的血脉故土。

五

为什么有时身处繁华,却依旧四顾茫然,心仿佛被抛在沙漠?

是的,物质的繁华绝不等同于精神的富足。揣着一颗空虚的心灵在眼花缭乱的物海中流浪,轻浅的脚印何等凌乱。

多么渴望心里拥有一片绿洲。这绿洲不会因为气候和环境的变换而枯黄。这样,即便远离都市和人流,也不致惶然失措。任你烈日似火,任你风沙蔽天,我可以在绿荫中宁静地面对一切,思绪乘风远扬,自由如高飞的鹰……

<u>抵达这样的绿洲,也许有千百条途径,我只想寻求其中一条。</u>

六

梦中的形象却更多的是废墟。岁月戛然作响地在残垣上开裂,裂成无数不规则的

> 处于喧嚣城市中的人们,都希望寻到这样一片心灵得以安憩的绿洲。精神世界丰富充盈,内心足够强大,就会出现这样一片可以让灵魂自由驰骋的绿洲。

缝隙……

谁能在这颓丧的裂缝中植一株绿草呢?

黑暗中,我看见无数双眼睛亮晶晶地凝视着同一个方向。于是我无法不改变视线,无法不将自己的目光投向众目所视的方向——在布满裂缝的残垣脚下,绿草正在悄悄蔓延。用不了多久,古老的废墟便会被清新的绿色包围……

任何困境与苦难都是暂时的,只要心中充满希望,足够坚韧和自信,步履铿锵地朝前走,"绿洲"终会出现,美好终会出现。

哀驴

在南方的城市里看不见驴子。生活中出现"驴"字，不会是美妙的事情。开始对毛驴有好印象，是在看画家黄胄的画之后。他把毛驴画得憨拙可爱，他笔下那些耳朵长长的牲口，仿佛是一种温顺的通灵性的动物。不过画中的景物和生活中的真实往往不是一回事。我曾想，毛驴入画，大概也是画家为标新立异而作的选择吧。

今年去陇南，看见了很多毛驴。在那里，毛驴仍然是乡间的一种运输工具。一头毛驴，拉一辆小车，可以灵巧地在各种各样的路上转。从前那里没有公路的时候，毛驴就是最主要的运输动力。山里的药材、水果、土产，全靠毛驴来驮出去。曾经有一种说法，没有毛驴，便没有山里人的活路。可见这些长耳朵牲口对山地老百姓的生活是何等重要。

在陇南见到的第一头毛驴，是在天水的一条热闹的街上，那景象给我的印象很深刻。那是一头拉车的驴子，赶车的人不知去向，毛驴独自站在路边，低着头，一动也不动，全然不理会周围市声的喧嚣。<u>给我的感觉，它似乎是沉浸在一种当众孤独的沉思之中了。</u>以后又在各种各样的场合看见毛驴，在乡间集市，在公路上，在无人的旷野，在崎岖的山道，它们留给我那种沉默、执拗而又孤独的印象，一直保持到我离开陇南，都没有改变。

据说驴叫如雷吼，可以吓退虎豹。可是我却很少听到它们叫，真怀疑那叫的功能是否已经退化。总之，很少看到它们狂躁不安，总是看见它们背负沉重的行囊埋头行走。若停下来，便以一个固定的姿态站在那里，只是偶尔甩动一下尾巴，拂去身上的飞虫，或者抖一抖长长的耳朵。汽车和拖拉机轰鸣着

> 驴默默无语，任劳任怨，忍辱负重、不知疲倦地为人类服务，从来不嚣张，不高调。驮货拉车，是它的职责，它安于这种使命，执拗而又孤独地做一名忠诚者。

从它们身边开过时，它们也毫不惊慌，沉着得像一尊尊雕塑。走到它们身边时，它们有时也会抬眼注视你。接触毛驴的目光时，我的心不禁颤动了一下。<u>这目光，善良、忠厚，又有些漠然，似乎已看透了这世上的一切，一对褐色的眼睛里，总是含着泪水</u>……我想，如果我是整天驱赶着它的主人，倘若被它用这样的目光凝视着，大概不会有勇气对它挥动鞭子的。

> 作者是善良的，对驴子命运同情，才会看到它的泪水。鞭子一挥动，驴子就开始被奴役和驱使。

一天夜晚，我和7岁的儿子一起在文县县城的小街上散步。没有路灯，寂静的石板路上洒着星星点点的月光，街上的一切都黯然而又朦胧。突然，儿子紧张地拉住了我的手，嘴里恐惧地喊道："狼狗！"顺着儿子的视线望去，只见前方街口有两条黑黝黝的大兽一前一后地晃动着，迎面向我们走过来。在幽暗中，看不清它们的模样，看样子，确实像两条巨大的狼狗。小街很窄，黑咕隆咚的，在这里和两条狼狗狭路相逢，实在是一件叫人发怵的事情。不要说儿子，我都有些紧张。然而已经没有退路。儿子紧攥住我的手，躲在我的背后，眼看那两条大兽渐渐逼近了。它们的步履稳健，不快也不慢，黑暗中依然看不清它们的嘴脸。在月光下，我突然发现了长在它们脑袋上的长长的耳朵，这不是狼狗的耳朵！

"毛驴！是毛驴！"

躲在我身后的儿子忍不住叫起来，他大概也看见了月光下的长耳朵。

不错，走过来的果真是两头毛驴。没有人驱赶它们，它们似乎是熟门熟路地在黑暗中走向既定的目的地。我们父子俩侧身看着两头毛驴默默地从我们身边走过去，惊魂甫定的同时，竟生出一种亲切感来，驴蹄叩击石板的声音，动听如音乐……

<u>驴和狗，同是人类驯养的动物，为何在黑暗中，狗的出现使人心惊，而毛驴却给人一种安全和亲切感呢？</u>儿子的回答简洁而干

用狗和毛驴进行对比，衬托出毛驴的驯顺善良。

脆："驴子不会咬人呗！"

儿子天真的看法，其实是道出了问题的实质。在动物中，像驴子这样驯顺的大概很少。想想人类对驴实在很不公平。驴的一生，是为人服务、被人奴役的一生，它们干重活，吃粗食，任劳任怨，从不作任何反抗，死了，还要继续为人奉献，肉被食，皮被熬成"阿胶"……而在人类的词典里，驴却从来不是一种可爱的形象。人们把浅薄之徒的无能和技短称之为"黔驴之技""黔驴技穷"，把放高利贷称作"驴打滚儿"，把喝茶时的粗放嘲为"驴饮"，而一声"蠢驴"，更已成为国骂之一种……驴啊驴啊，可悲的驴！当我此刻在写这篇短文的时候，<u>我又想起驴子那种沉默的目光，想起它们那流泪的眼睛。</u>

> 在读这篇文章之前，或许没有人想到作为一头驴子的悲哀，也没有人为它们鸣不平。作者有一颗善良的悲悯之心，他的眼睛看到的是驴子的奉献与隐忍，感受到的是驴子受到的委屈与伤害，所以一次次写到它们眼里的泪水。

火光

在旷野中夜行,如果没有星月,也没有路灯,你周围的黑暗会浓得像墨汁,世界将消失,只有你自己的意识在伸手不见五指的空间中滑动。这时,假如有一点光亮出现,你才会被提醒,这是在什么地方。

二十多年前,有一次坐夜行列车去南方,坐在车里看窗外,只见一片茫茫无边的漆黑,无法猜知那漆黑的天地中蕴藏着什么。周围的旅客都在打瞌睡,我也望着窗外的黑暗昏昏睡去……半夜里,突然被一个女人尖锐的声音叫醒:

"快看!快看!着火了!着火啦!"

我睁着惺忪的眼睛向车窗外看去,果然看到一团红色的火光在黑暗中燃烧。火光离

> 浓浓漆黑的夜里,看不到方向,一切都处于沉睡之中,这个世界变得黯淡失色,人的心情也格外沉重。处于这样的夜色里,如行走在看不到希望的荒原。

铁道很远，看不清是什么东西烧着了，只见火舌在幽暗中蹿舞着，跳跃着，灿烂的火星高高地飞起来，在空旷的夜天里飘动，犹如漫天活泼的萤火虫……虽然无法看清被烧的是什么，然而凭借着这火光，我隐约看到了被火光照亮的山坡、树丛、河流……火光中的这一切都朦朦胧胧，神奇如美妙的梦幻。

　　火光在我的视野中一闪而过，车窗外又恢复了那一片深邃无际的黑暗，只有车轮和铁轨的撞击声，单调地在我的耳边回响，还有旅客的鼾声和叹息。不知为什么，我再也无法睡着，脑海里怎么也驱逐不了那火光。我睁大眼睛凝视着车窗外，什么也看不见。可此时的黑暗已经和先前不一样了，<u>透过那浓浓的黑暗，我仿佛能看见许多闪闪发亮的东西</u>，它们在天地间飞翔舞蹈，美丽如节日的焰火，如元宵夜的彩灯，如童话中辉煌的火凤凰……所有我曾见到过的光明美好的事物，此刻都纷纷飞到了我的眼前……这种感

　　暗夜里出现的火光，暂时驱散了浓重的夜色，让"我"看到了藏在夜里的美好和希望。夜再深再浓，最终也会被黎明的曙光代替。

觉,一直持续到天亮。当黎明的曙光透过车窗,照到我的脸上时,我依然沉浸在因火光引出的遐想之中。

在夜行列车里看到的火光,我至今依然非常清晰地记得,而且常常想起。那种奇妙的、回味无穷的感觉,以后似乎很少遇到。

不褪色的迷失

日子在一天一天过去。逝去的岁月像从山间流失的溪水，一去不复返。回过头看一看，常常是云烟迷蒙，往事如同隐匿在雨雾中的树影，朦胧而又迷离。那么多的经历和故事搅和在一起，使记忆的屏幕变得一片模糊……

还好有一样东西改变了这种状况。它就像奇妙的魔术，不动声色地把逝去的岁月悄然拽回到你的眼前，使你情不自禁地感慨：哦，从前，原来是这样的！

这奇妙的魔术是什么呢？我的回答也许使你觉得平淡无奇，是摄影。

不过你不妨试一试，翻开你的影集，看看你从前的照片，看会产生什么感觉。如果你自己也是一个摄影爱好者，那么，看看自

> 照片将某个瞬间定格为永恒，成为不可磨灭的记忆，让人回味、追忆过往的时光。

己从前亲手拍摄各种各样的照片，又会有什么感想。

我的儿子8岁时，在一次看到他刚出生不久的一张洗澡的照片竟惊讶地大叫："什么，我那时那么年轻！连衣服也不穿呐！啊呀，太不好意思啦！"

我一边为儿子的天真忍俊不禁，一边也有同感产生。是啊，我们都曾经那么年轻，那么天真。那些发黄了的旧照片，会帮我们找回童年或者幼年时的种种感觉。

我儿时的照片留下的很少，就那么两三张。有一张一寸的报名照，是不到3岁时拍的。照片上的我，胖乎乎的脸，傻呵呵的表情，眼睛里流露出惊恐和疑问，还隐隐约约含着几分悲伤……看这张照片，使我很自然地回忆起儿时的一个故事。那是我最初的记忆之一。

那是我3岁的时候。有一次，跟父亲出门，在一条马路上走失在人群中。开始还不

> 哪个人没有类似的"照片"情结，很多人都会习惯性地过一段时间就把旧照片翻看一遍，寻找遗失在岁月中的美好瞬间，回忆凝结在那些照片中的温情与感动。
>
> 眼神的"惊恐、疑问"，预示着"我"要讲的故事定会不同寻常，那里面有委屈、有害怕……

知道什么叫害怕，以为父亲会像往常一样，马上就会出现在我的面前，将我抱起来，带回家中。然而我跌跌撞撞在马路上乱转了很久，终于发现父亲真的不见了。我惊悸的大叫引起很多行人的注意，数不清的陌生面孔团团地将我围住，很多不熟悉的声音问我很多相同的问题……然而我不愿意回答任何问题，因为我以为是父亲故意丢弃了我，我无法理解一向慈眉善目的父亲怎么会就这样把我扔在陌生人中间，自己一走了事。我以为我从此再也见不到自己的父母了，小小的心灵中充满了恐惧、悲哀和绝望。我一声不吭，也不流泪。被人抱着在街上转了几个小时之后，有人把我送到了公安局。一个年轻的女民警态度和善地安慰我，哄我，给我削苹果。另一个年轻的男民警在一边不停地打电话，听他在电话里说的话，我知道他是在帮我找爸爸。我在女民警的哄劝下吃了一个苹果，然而心里依然紧张不安。眼看天渐渐地暗下来，还没有父亲和家里的消息。我呆呆地望着窗外，恐惧和惊慌一阵又一阵向我袭来。尽管那位女民警不停地在安慰我："你别急，爸爸就要来了，他已经在路上了，过一会儿，你就能看见他了！"但我不相信。<u>我想，父亲大概真的不要我了，要不，他怎么天黑了还不来呢？</u>

就在我惊恐难耐的时候，女民警突然对着门口粲然一笑，口中大叫道："瞧，是谁来了？"我回头一看，只见父亲已经站在门口。

我永远也忘不了父亲当时的模样和表情。他那一向很注意修饰的头发乱蓬蓬的，脸似乎也消瘦了一圈。当我扑到父亲的怀抱里时，噙在眼眶里的泪水一下子夺眶而出，委屈、激动、欢喜和心酸交织在一起，化作了不可抑制的抽泣和眼泪。<u>当我抬起头来看父亲的时候，不禁一愣：父亲的眼睛里，也噙满了泪水！在我的心目中，父亲是不会哭的，哭是小孩子的专利。</u>父亲的泪水使我深深地受

这是极大的惊恐所带来的心疑和猜测，非常符合一个被遗失的幼小孩童的心理。

不会轻易流泪的父亲居然在此时哭了，说明父亲在丢了"我"之后有多焦灼、伤心和自责。儿子在父亲生命中和心里有多么重要。

到了震动。父亲紧紧地抱住我，口中喃喃地、语无伦次地说着："我在找你，我在找你，我找了你整整一天，找遍了全上海，你不知道，我是多么着急……"

此刻，在父亲的怀抱里，我先前曾产生过的怀疑和怨恨顷刻烟消云散。我尽情地哭着，痛痛快快哭了个够。哭完之后，我才发现，那一男一女两位警察一直在旁边微笑着注视我们父子俩。这时，我又不好意思地笑了。那个男警察摸着我的脑袋，笑着打趣道："一歇哭，一歇笑，两只眼睛开大炮……"这是当时的孩子人人都知道的一首儿歌。于是我们四个人一起笑起来……

从公安局出来，父亲紧拉着我的手走在灯光灿烂的大街上。他问我："你想吃什么？我给你买。"我什么也不想吃，只想拉着父亲的手在街上默默地走，被父亲那双温暖的大手紧握着，是多么安全多么好。然而父亲还是给我买了一大包好吃的东西，让我一路

还有什么比获取这种安全感更幸福更满足呢？被父亲的大手拉着，被暖暖的父爱包围着，"我"内心是多么踏实和感动。

走,一路吃。走着,走着,经过了一家照相馆,看着橱窗里的照片,我觉得很新鲜。长这么大,我还没有进照相馆拍过照呢。橱窗里的照片上,男女老少都在对着我开心地微笑。我想,照相一定是一件很有趣的事情。父亲见我对照片有兴趣,就提议道:"进去,给你照一张相吧!"面对着照相馆里刺眼的灯光,我的眼前什么也看不见,父亲又消失在幽暗之中。于是我情不自禁又想起了白天迷路后的孤独和恐惧。摄影师大喊:"笑一笑,笑一笑……"我却怎么也笑不出来。当快门响动的时候,我的脸上依然带着白天的表情。于是,就有了那张一寸的报名照。在这张小小的照片上,永远地留下了我三岁时的惊恐、困惑和悲伤。尽管这只是一场虚惊。看这张照片时,我很自然地会想起父亲,想起父亲为我们的走散和团聚而流下的焦灼、欢欣的泪水。父亲在找到我时那一瞬间的表情,是他留在我记忆中的最清晰最深刻的表情。<u>从那一刻起,</u>

我知道了，父亲和孩子一样，也是会流泪的，这是多么温馨多么美好的泪水啊……

照片上的我永远是童稚幼儿，可是岁月却已经无情地染白了我的鬓发。而我的父亲，今年八十三岁，已经老态龙钟了。从拍这张照片到现在，有四十年了。四十年中，发生了多少事情，时事沉浮，世态炎凉，悲欢离合……可四十年前的那一幕，在我的记忆中却是特别的清晰，特别的亲切，仿佛就在昨天，仿佛就在眼前。岁月的风沙无法掩埋儿时的这一段记忆。当我拿出照片，看着四十年前我的茫然失措的表情，不禁哑然失笑。四十年的漫长时光在我凝视照片的一瞬间消失得无影无踪……哦，父亲，在我的记忆中，你是不会老的。看到这张照片，我就仿佛看见，你正在用急匆匆的脚步，满街满城地转着找我……而我，什么时候离开过你的视线呢？

前些日子，我，我的妻子，还有我的已经9岁的儿子，陪着我高龄的父母来到西湖

父亲的泪水里包含着多少的美好和深入骨髓的爱，这爱时刻充盈在"我"的生命中。

无论儿女离父母近还是远，都不会离开父母的视线。父母关爱的目光永远停留在儿女身上。儿女离父母有多远，父母的视线就会有多长，哪怕远在天涯。

畔。久居都市，接触大自然的机会越来越少，我想陪他们在湖光山色中散散心，也想在西湖边上为他们拍一些照片。在西湖边散步时，我向父亲说起了小时候迷路的事情，父亲皱着眉头想了好久，笑着说："这么早的事情，你怎么还记得？"我说："我怎么会忘记呢？永远也忘不了，你还记得吗，那时，你还流泪了呢！"

父亲凝视着烟雨迷蒙的西湖，久久没有说话。我发现，他的眼角里闪烁着亮晶晶的泪花……

父亲的泪花在闪光，几十年过去了，父亲依然记得那段经历，依然记得那场惊恐与担忧，记得找到"我"后的那份欣喜。

相思鸟

那天下午,一只小鸟从窗外飞进了屋子。这是一只美丽的鸟,有绿色的羽毛,红色的小嘴,橘黄色的胸脯。妻子关上窗户,小鸟便成了我们家里的俘虏。它惊慌地在玻璃窗上扑飞了很久,嘴里发出凄厉的鸣叫,终于精疲力竭,在窗台上静静地站定下来。妻子找出很久没有用过的鸟笼,和我一起把小鸟捉进了笼子。被关进笼子后,它又扑飞了一阵,直到没有力气为止。在笼子里看这只鸟,更觉得它秀气绚丽,就像是精致的艺术品。小凡回来,当然兴奋得很,围着笼子高兴了半天。他问我这是什么鸟,我说不出来。这鸟使他想起了他小时候养过的一只金黄色的芙蓉,他为这芙蓉鸟起名为"阳光",后来,妻子在一次喂食后忘记关笼门,"阳光"便飞到了自由的阳光里,再也没有回来。小凡认为这只飞来的鸟很像当年飞走的"阳光",于是也叫它"阳光",但是很显然,这鸟并不是芙蓉。在笼子里,"阳光"瞪大了乌黑的眼睛,呆呆地盯着我们看,不发出任何声音。这沉默的样子,似乎有些忧伤。我们三个人商量,是不是要放了它。商量的结果,是先养几天看看,如果它不喜欢待在笼子里,再放也不迟。

傍晚,我去花鸟市场买鸟食,在一个鸟店里看到和家里的"阳光"一模一样的鸟,店主告诉我,这是相思鸟。他说:"这鸟,养一只不行,它会伤心而死,必须养两只。"他估计我家里的那只是雌鸟,便鼓动我再买一只雄鸟回去。于是我在买鸟食的同时,花十八元钱买了一只雄的相思鸟。回到家里,小凡雀跃欢呼,为家里突然有了一对相思鸟兴奋不已。雄鸟放进鸟笼,又使笼里的"阳光"

躁动了一阵。小凡问我:"怎么看不出它高兴?难道它不愿意多了个伙伴?"问这话时,"阳光"已经扑腾得筋疲力尽了,<u>只见它呆呆地站在笼子底里,既不理会新来的伙伴,也不碰一碰我放进去的鸟食,似乎对一切都不感兴趣。</u>

天黑以后,鸟笼里不见一点动静。小凡不放心笼子里的鸟,把鸟笼拿到灯光下面看。只见买来的那只鸟正在吃食,嘴角上还沾着刚刚喝过的水,而"阳光"却有点畏头缩脑,眼睛也半开半闭,目光蒙眬而暗淡。妻子说:"不好,它不能在笼子里再待下去,赶紧放了它!"于是,妻子赶紧从鸟笼里放出"阳光",然而"阳光"已经毫无活力,它站在桌子上,只几秒钟,身子一歪,就倒了下来。小凡把它捧在手上,它突然睁开眼睛,目光炯炯地凝视了片刻,然后两脚一伸,闭上眼睛,死了。

吃晚饭时,我们全家都不说一句话,"阳光"的死,使我们很难过。<u>被剥夺了自由的

> 失去自由的鸟儿,不为任何诱惑所动,它失神而忧伤的目光变得呆滞。

> "生命诚可贵,爱情价更高。若为自由故,两者皆可抛。"匈牙利诗人裴多菲用这首富含哲理的小诗告诉我们,自由有多么重要。

<u>小生命，竟然用如此强烈的行为进行反抗，自由，比它的生命更宝贵。</u>闷了好久，妻子叹了一口气，说："我不应该把它关进笼子，如果当时开窗放它走，它现在还好好地活着。"小凡说："那么，我们把买来的那只鸟也放了吧。"我说："好，我们来弥补错误。"只是天已经黑透，此刻放鸟出去，它也无处投宿。只能到早上再说了。

第二天一早，我们起床后的第一件事情，就是打开鸟笼放走那只相思鸟。在窗台上，相思鸟面对着初升的太阳，站在笼子门槛上迟疑了一会儿，终于拍了拍翅膀，飞离了我们家。它那娇小的身影在不远处的树荫中闪了一下，就不见了。

但愿它能在自由的天空中快快乐乐地活着。

晶莹的瞬间

那天下午,正在听肖邦的一段钢琴夜曲,弹奏者是钢琴大师鲁宾斯坦。飘逸澄净的音符优美地蹦跳着流淌着,在我周围的空间发出晶莹透明的回声。琴声徐缓,如歌如诉,尽管优美,但谁也不能否认蕴藏在这歌声中的忧伤。这淡淡而美丽的忧伤轻轻叩击着听者的心情,使人如历梦幻,眼前仿佛出现许多遥远而迷人的故事,你是这些故事中的人物,你在这些故事中流浪,在这些故事中飘飞……人们把肖邦的钢琴曲比作抒情诗,实在不是夸张,文字构筑的诗歌永远无法传达出这样的意境。

突然地,外面就下起雪来。当听到窗外有人在惊叫时,纷纷扬扬的雪花已经飘满了

> 音乐艺术对人心灵的撞击更直接更强烈,更容易引起人的共鸣,带给人强烈而美妙的艺术享受和内心的无比宁静。交响曲之王海顿说:"当我坐在那架破钢琴旁边的时候,我对最幸福的国王也不羡慕。"

天空。雪花,是那么密集,那么大,明亮的天空几乎被它们遮盖了,变得混沌而灰暗,远方的楼房和树都消失了轮廓。这是真正的"鹅毛大雪",是我们这个城市许多年来未见到过的雪。令人惊奇的是,这场雪毫无预兆,事先并没有寒冷的北风呼啸,也没有浓重的乌云笼罩,不久前,还是阳光灿烂。它们降临得那么突然!

雪无声地飘着,无声地落到了大地上。此刻,肖邦的钢琴夜曲依然在我的周围鸣响,钢琴的韵律和雪花的飘舞,似乎非常协调,仿佛是琴声在应和着飘飞的雪花缓缓地流动,又像是雪花追随着钢琴的旋律翩然作舞。于是,我眼前的雪花便有了奇妙的声音,有了叮叮咚咚的脚步声。我凝视着窗外的雪,凝视着飘飞在天地间的这些洁白自由的自然精灵,记忆中一些和雪有关的情景便浮现在眼前。

许多年前,我还是一个刚踏出中学校门

> 雪花如同大自然赐予人间的美妙音符,它的降落如歌似诗。洋洋洒洒的雪花编织成一段段悦耳动听的音乐,在耳边回旋。

的小青年，命运就把我抛向陌生的异乡。也是在春节过去后不久的一天，我告别父母，孤身一人坐上了北去的列车。火车离开上海不远，就下起了大雪。这是我一生中遇到的最大的一场春雪，雪花铺天盖地落下来，很快就覆盖了大地，从车窗里望出去，白茫茫一片，初春的江南，变成了一个银色的雪世界，铁轨消失了，铁路两边的电线上也积满了雪，木头的电线杆竟然难负其重，纷纷倒伏在路边。火车不得不停下来，停在远离车站和城镇的雪原之中。当时，在我的眼里，这场雪没有任何美感，我感到冷，感到茫然，感到命运正通过这一场突然降临的大雪，向我发出了严峻而不祥的预兆。车窗外，看不到人，看不见路，只有雪花在灰色的天空中飞扬……车厢里一片抱怨声，然而抱怨也没有用，火车被困在雪地里，谁也没有摆脱困境的回天之力。在我周围烦躁不安的乘客中，只有一个人情绪与众不同，别人怨天尤人，

> 小姑娘的歌唱出了她的天真和乐观。

她却欢天喜地,别人唉声叹气,她却又唱又笑。这是坐在我对面的一个七八岁的小姑娘,她趴在车窗前,惊喜地看着窗外的大雪,<u>嘴里大声地唱着:"雪花雪花,白白的雪花,像盐像糖,亮亮的雪花。"她的歌单纯而滑稽,我从来没有听到过这样的歌,</u>以前没有听到过,以后也再没有听到过,我想这也许是小姑娘的即兴创作。我看着这小姑娘,听着她的歌,竟忘记了面临的困境。小姑娘由她的母亲带着,她母亲是个三十来岁的少妇,穿着朴素,神态安详,她微笑着注视快乐的女儿,女儿的快乐也感染了她。她微笑着,耐心地回答女儿提出的关于雪的一个又一个问题。她回答不上时,小姑娘就来问我,看着她天真活泼的脸庞,我无法拒绝她,我尽自己所能,尽量回答她的提问……我们的列车在原野中停了整整一天,那小姑娘一直兴致勃勃,用她的歌声和笑声给周围的人带来了快乐。晚上,这一对母女互相依偎着安然入睡,我凝视着她们,就像凝视一尊表现母爱和童真的美妙雕塑,她们对生活充满了美丽的期望,即便面对着使旅途中断的冰雪。回想起来,我和这对母女讲了不多的几句话,但她们却像茫茫雪原中一蓬温暖的炭火,驱散了我的孤独、忧虑和烦躁。第二天早晨,火车开动了,我很快就到达了目的地。在陌生的土地上,在白茫茫的雪原中,我踏出了走向社会和生活的第一行脚印。当我在雪地里艰难地寻找着道路时,心里一直响着那单纯明朗的歌声:"雪花雪花,白白的雪花,像盐像糖,亮亮的雪花……"

就在我沉浸在遥远的往事中时,窗外的大雪已经消失。在暖风中,这场大雪居然没有留下任何痕迹,只是屋顶和路面有些潮湿。那漫天飞舞的鹅毛大雪,突然地来,又突然地去,犹如稍纵即逝的梦幻。而肖邦的钢琴夜曲,依然在我的周围鸣响,仿佛是那场大雪不绝如缕的美妙余韵。这早春的鹅毛大雪,

> 人生难免遇到困境,我们要怀有乐观积极的心态,无论是处于什么境遇,也要时刻充满对美好生活的期望。

> 小姑娘的单纯善良、积极乐观给我带来深深的影响。

尽管只是瞬间的闪现,但我很难忘记它们带给我的遐想。我想,在喧嚣的生活中,有这样宁静诗意的奇妙片刻,是多么好。

以阳光的心态面对困境,以宁静诗意的心境在喧嚣的尘世中追求自由、平和、恬淡。

死之印象

一

最早对死亡有直观的印象，是在四五岁的时候。有一次去乡下，镇上死了个产妇，很多人都去看，我也跟着大人去看。产妇仰躺在一块门板上，身穿一套黑色的衣裤。她是难产流血过多而死，孩子却活下来了。产妇大概二十多岁，她的脸色苍白，但神态安详，像一尊雕塑。她活着的时候，一定是个极美的女人。很多人围在她身边哭。她却毫不理会，只是默默地躺着，平静地躺着，没有一点痛苦和忧伤的表情。

我第一次在这么近的地方看一个死人，

"死亡"一直是个沉重的话题。"我"四五岁时就对"死亡"有了直观印象，孩子眼中，"死亡"究竟是个什么样子呢？

却没有一点恐惧的感觉。当时留给我印象最深的，除了产妇苍白而美丽的面容，还有她的丈夫，一个痛苦欲绝的年轻男人。他手中抱着刚刚出生不久的婴儿，坐在产妇的身边，别人号啕大哭时，他却只是无声地凝视着自己的妻子，他的脸上布满了泪痕。他的目光，除了看死去的妻子，就是看手中的婴儿。看妻子时，他的目光悲凄哀伤，看婴儿时，他的目光就非常复杂，既有爱怜，也有怨恨……妻子就是为了生孩子而死去，她为自己的后代流尽了身上的血，付出了生命的代价。<u>一个死，一个生，死的丧仪和生的庆典在同一时刻进行，夹在这两个仪式中间的，是那个丧妻得子的年轻男人。</u>他的无声而哀怨的复杂的表情，我至今仍记得。

二

死神多半是突然找上门来的。谁也无法

> 一死一生，一悲一喜。年轻母亲用自己的死换取了孩子的生，母亲的鲜血成为迎接新生命的鲜花。这样的生死与悲喜交织一起，愈发让悲更悲，痛更痛。

<u>违抗死神的时间表</u>。电影中常常看到病人临死前讲很多话，躺在床上的人也知道自己已到了弥留之际，垂死的人说完了想说的话，然后从容死去。这样的情形，在生活中毕竟不多。

读《儒林外史》，很难忘记写严监生临死前的那一段：这个爱财如命的吝啬鬼，面对着床头一盏点了两茎灯草的油灯，久久不肯咽气，直到赵氏挑熄了其中的一茎。这个故事有点夸张，但我想大概也有类似的生活作为依据。

不过，人的意志有时候真能拖延死神的脚步。这种意志，常常出于一种本能，出于心灵深处的希冀，这种本能和希冀是如此强烈，竟然使死神也望而却步。我的一个好朋友，一个诗人，曾经很动情地告诉我一个有关死的故事，故事的主人公是他的母亲。很多年前，诗人的母亲在乡下病危，远在千里之外的诗人得到消息之后，星夜兼程赶回家乡，

> 一位哲人说过："痛苦和死亡是生命的一部分，抛弃他们就是抛弃生命本身。"任何人无法回避这个问题，逃不出死神的掌心。

想最后看一眼母亲,和母亲说几句话,虽然他知道这种可能性几乎没有,因为他得到消息时,病危的母亲已经到了弥留之际,而他赶回地处偏远的故乡山村,要花五六天时间。躺在床上的老太太形容枯槁,只剩下极微弱的一口气,连说半句话的力气也没有了,她的双眼微阖,看上去就像一具尸体。但是,每天傍晚五点左右,她会突然睁开眼睛,凝视着窗外。这时候,经过山村的唯一一班长途汽车正好从远处经过。当汽车的引擎声轻轻地从窗外飘来时,老太太那几近熄灭的目光突然变得炯炯发亮。人人都知道,她在期待远在他乡的儿子归来,她想在离开人世前见儿子一面。家乡的人们已经开始为诗人的母亲准备后事,大家都知道,诗人不可能赶回来,来不及了。然而奇迹发生了。两天过去。三天过去。四天过去。诗人的母亲依然活着!她的意识微弱得如同风中游丝,随时可能被风吹断,可就是飘而不断;她的生命像燃到了尽头的烛火，很幽很幽，只剩下米粒般的一点，若隐若现，但就是不灭。一个母亲思念儿子的挚切之情，战胜了气势汹汹的死神。到第五天下午，当长途汽车的引擎声飘进来时，这位垂危的母亲用最后一点力气睁开了眼睛，她模糊的视野中，终于出现了儿子风尘仆仆的身影……

诗人讲这个故事时，眼睛里含着泪水。他永远无法忘记母亲临终前的情景，母亲拉住他的手，欲说而无声，千言万语，凝成两滴晶莹的泪珠，在她凹陷的眼眶中闪动……心如冰铁的死神，大概是被母亲的一颗心感动了，竟然守在她身边耐心地等了五天，眼看这位母亲生时最后的愿望成为现实，他才不慌不忙地把她带走。就这样，如愿以偿的母亲拉着儿子的手，平静地死去。死亡，在她的脸上竟化为宽慰的一笑。

> 对儿子深切的思念之情，成为母亲生命最后的支撑，它强大到可以暂时战胜死神的纠缠。母亲生命延续出几天，就是为了看一眼儿子。

> 在母亲的心中，死亡并不可怕，甚至可以微笑着面对。临终之前，唯一心有不甘的，就是再见儿子最后一面。当这个愿望实现的时候，母亲满足了，宽慰了，安然辞世。

三

死和生一样，是生命的一个事件，是大自然的一个奥秘。在人生的旅途中，死是最后一个环节，谁也无法逃脱这个环节。然而这个环节似乎并不是掌握在自己的手中，"生死有命"，孔夫子如是说。"不知将白首，何处入黄泉？"这"命"是什么？"黄泉"又是什么？是无常？是无奈？是飘忽不定的风？是变幻无形的影？难道真有一种在冥冥之中安排着一切操纵着一切摆布着一切的神秘力量？

没有人能对这个问题作令人信服的明确答复。

不过，把死神的缰绳牵在自己手里的人，生活中也不是没有。在报上读到过一则令人难忘的新闻：一位女医生，身患癌症，发现时已经病入膏肓，无可救药。女医生将病情瞒过了所有的人，一直工作到耗尽所有的体

生与死的问题，从古至今，一直被人们思考着，探索着。王羲之《兰亭集序》中有这样一句话："况修短随化，终期于尽。"古人云："死生亦大矣！"虽然生与死的奥秘人类无法真正解开，但是我们明白一个道理：既要重视生，也要重视死。只有这样，才会将人生过得有价值、有意义。

力，躺倒在床上。这时，死神正迈着悠闲的步子在她的身边游荡。然而她非但不躲避，反而主动向死神伸出了她的手。她选择了速死。她决意用自己的死，为人类的医学作一次试验。她在自己身上注射了致命的针剂，然后非常冷静地打开笔记本，记录注射之后的身体的感觉和精神的变化，记录她生命中最后一刹那的感觉。翻江倒海的绞痛、天旋地转的昏厥、抽搐、幻觉、黑暗……她用颤抖的手，记录着她感受到的一切，一直书写到生命的最后一刻。她要用自己的死，为世人留下一份科学的档案。也许，她的试验在医学上并没有多少价值，但是，面对着她颤抖歪斜的笔迹，谁能不怦然心动？

对女医生的这种行为，后来有些人提出质疑，认为这样做违反常规，违反人道。对死亡的认识，所谓的常规和人道，就是尽一切可能保护生命，延续生命在人间的每一分每一秒。然而这样的常规，是不是对所有人都是人道的呢？当你被病魔折磨得死去活来，求生无望，求死不能，你祈望平静安然地离开人世，抵达生命的终点，很难说不是一种解脱，一种幸福。现在很多人在争论，是不是可以对在痛苦中等待死神的病人和永远失去意识的"植物人"实行"安乐死"。我认为这样的争论最终会有一个合情合理的结论，这结论应该是允许被痛苦折磨的垂危者安然地走向他们的归宿。既然死神的拥抱已经无法避免，那么，与其慢慢地被折磨至死，使自己受罪，也使旁人痛苦，那么，加速死亡的来临，大概不能算不人道。

> 一直被争议的问题，作者再次提出，并且给出自己的观点与结论：让痛苦折磨的垂危者安然走向死亡。这并非不人道的做法，反而更加人性化。

"只有死亡是不死的！"作为血肉之躯的终点，死亡将以它独特的形态凝固在世界上。

四

"上帝将夭逝作为礼物献给最亲爱的人。"这是拜伦的诗句。

而朗费罗的诗更美妙：

<u>从来就没有什么死！</u>
表面上的死实际是一种过渡；
活人生存的世界只是天国的郊野，
天国的大门就是我们所谓的死。

没有一个活着的人能画出上帝的模样，也没有人能描绘天国的景象。然而世世代代的人们都在流传着上帝和天国的故事，没有任何力量能阻止这种流传，因为生命中存在着神秘的死。

<u>死像一条宽广的河流</u>，缓缓地在大地上流着，在人群中流着，它的浪花每时每刻都在我们周围翻卷，世界上的每一个人，都将无声无息地被它卷走。

<u>死也像一座沉默的山</u>，生时所有的欢乐痛苦和哭笑喧闹都埋藏在其中。没有人能够越过这座山。

> 死与生，从来都是连着的整体，单独的死亡是不存在的。《爱的教育》中有这样一句话：凡是好的东西都不会死，而且它的生命力将随时间的流逝而日趋强大。

> 作者连用四个形象的比喻，把死亡比作河流、山、黑洞、花，形象地说明死亡是强大而不可回避的，但并不可怕。

<u>死是无穷无尽的黑洞，</u>这黑洞的力量是如此强大，再活泼再美丽再强悍的生命，最终也要被它吸进去，吸得无影无踪。

<u>死像一朵白色的花，</u>在寂静中不动声色地开放，并且把它的花朵凝固在黑暗里。世界上，只有这样的白色之花是不会凋谢的。

死，其实是生命在庄重地宣告：请记住，我曾经活过！

祈望

一个人活着，他的心里就会有祈望。

此刻，当春天临近的时候，我悄悄地自问：你，在祈望什么？

我想，我的祈望有时很小，有时也很大。

我祈望春天的阳光早日驱散冬日的严寒，我祈望窗外的花树枝叶比去年繁茂，花蕾比去年兴旺……

我祈望我的亲人和朋友们身体健康，事业成功；我祈望孤儿们都能得到温情和爱；祈望老人们不再被冷漠和孤寂包围，祈望忙碌辛苦的人们都有丰厚的回报。

<u>我祈望我们这个城市繁荣发展，祈望宁静替代喧嚣，祈望清洁替代肮脏，祈望生命的绿色覆盖嘈杂和荒凉。</u>

> 作者心怀美好的祈愿，从自然界到人，再到城市、国家、民族和整个人类社会，都寄予了美好的期望，愿这个社会没有邪恶、贪欲、战争、贫穷、灾荒、孤寂、冷漠，希望和平、富足、安定、善良、宁静，充满人间。

我祈望我们的国家安定富强，祈望中国人心胸更开阔，目光更远大，脚步更踏实，腰板更硬朗。

我祈望每一个寻找理想的人都能扬起心中的风帆，祈望每一艘承载希望的航船都能抵达幸福的港口。

我祈望和平的良知在我们这个古老而年轻的星球蔓延，让邪恶和贪欲被正义善良的洪流淹没……

我祈望战争的硝烟被和平的甘霖浇灭，让被炮火毁灭的废墟成为历史的纪念碑，让新生命的欢笑淹没家破人亡的哀号……

我祈望饥饿和灾荒被驱逐出世界的任何一个角落……

我知道，我的祈望只是一种憧憬，只是一种梦想，但是，我还是要祈望，祈望所有美好合理的憧憬和梦想都会成为现实！

一个人，如果心里还存着祈望，他的生命就会洋溢生机，他的生活就会充满追求、期待和奋斗。

一个民族，如果还存着祈望，这个民族就不会衰亡。

人类啊，只要还存着祈望，我们这个世界就不会绝望。

所以，我祈望……

> 人人都应有憧憬，为实现梦想，不断追求与奋斗。心存祈望，生命才会充满生机，民族才会充满希望，人类才会更加进步，世界才会更加美好。

秋兴

秋风一天凉似一天。风中桂花的幽香消散了，菊花的清香又飘起。窗外那棵老槐树，不知什么时候有了黄叶，风一紧，黄叶就飘到了窗台上。在热闹的都市里，要想品味大自然的秋色，已经不是一件容易的事情。在都市人的观念中，季节的转换，除了气温的变化，除了服装的更替，似乎再也没有别的什么了。

而我这个爱遐想的人，偏偏不愿意被四处逼来的钢筋水泥囚禁了自己的思绪。听着窗外的风声，我想着故乡辽阔透明的天空，想着长江边上那一望无际的银色芦花，想着从芦苇丛中扑棱着翅膀飞上天空的野鸭和大雁，想着由翠绿逐渐变成金黄色的田野……唉，可怜的都市人，就像关在笼子里的鸟，只能用可怜的回忆来想象奇妙的自然秋色了。

小时候，背过古人吟咏秋天的诗句："秋风起兮白云飞，草木黄落兮雁南归""落霞与孤鹜齐飞，秋水共长天一色""秋阴不散霜飞晚，留得枯荷听雨声""落叶西风时候，人共青山都瘦""采菊东篱下，悠然见南山"……这些诗句使我对自然的秋色心驰神往。想起来，古人虽然住不进现代都市的深院高楼，享受不到时髦便捷的现代化，但他们常常被奇妙的大自然陶醉，他们的心境常常和自然融为一体，世俗的喧嚣和烦恼在青山绿水中烟消云散。这样的境界，对久居都市的现代人来说，大概只能是梦境了。

年轻时代，我的生命也曾和大自然连成一体。在故乡崇明岛"插队落户"多年，日出而作，日落而息，晒黑了皮肤，磨硬了筋骨，

> 这是现代文明社会中，都市人的共同命运，越来越远离大自然，被囚在钢筋水泥造的牢笼里，空悲叹。作者连用两个"可怜"来感叹城市人的生存环境。

闻惯了泥土的气味。从外表上看，我曾经和土生土长的乡亲们没有区别，然而骨子里的习性难改。当我一个人坐在江边的长堤上，面对着浩瀚的长江，面对着银波荡漾的芦苇的海洋，倾听着在天空中发出凄厉呼叫的雁群，我总是灵魂出窍，神思飞扬。我曾经想，在我们这个星球上，所有的生命都应该是有知觉的，其中包括一滴水，一株芦苇，一只大雁。我躺在涛声不绝的江边，闭上眼睛，<u>幻想自己变成一滴水，在江海中自由自在地奔腾；变成一株芦苇，摇动着银色的头颅，在秋风中无拘无束地舞蹈；也变成一只大雁，拍动翅膀高飞在云天，去寻找遥远的目标……</u>我曾经把自己的这些幻想写在我的诗文里，这是对青春的讴歌，是对人生的憧憬，是对生命和自然天真直率的诘问。如今再回头聆听年轻时的心声，我依旧怦然心动。当年的涛声、雁鸣、飞扬的芦花、掺杂着青草和野

> 在美妙的大自然里，一切生命都是那么鲜活、自由，那么灵修、通透，一滴水、一株芦苇、一只大雁都是那样令人神往。投入大自然的怀抱，物我两忘，天人合一，一切是那样融洽、和谐、美妙。作者不断回忆沉醉自然的往昔，内心对这一切是多么向往。

艾菊清香而潮湿的海风、荡漾着蟋蟀和纺织娘鸣唱的清凉的月光，仿佛仍在我的周围飘动鸣响。故乡啊，在你的身边，这一切都还美妙如当年吗？

然而一切都很遥远了。此刻，窗外流动的是都市的秋风，没有大自然清新辽远的气息。今年夏天回故乡时，我从长江边采了几枝未开放的芦花，回来插在无水的盆中，它们居然都一一开出了银色的花朵，使我欣喜不已。这些芦花，把故乡的秋色送到了我的面前。这些芦花，也使我联想到自己鬓边频生的白发，这是人生进入秋季的象征，谁也无法阻挡这种进程，就像无法阻挡秋天替代夏天、春天替代冬天一样。不过我想，人的心灵和精神的四季，大概是可以由自己来调节的。当生存的空间和生理的年龄像无情的网向你罩过来时，你的心灵却可以脱颖而出，飞向你想抵达的任

人是自然之子。融入其中，灵魂才更加安然稳妥。在自然中，我们可以聆听到自己内心深处发出的最真实的声音，明白自己生命究竟需要什么，一切烦恼都会在随之消散。可是这些对于久居都市的现代人，只能是一种奢望。

只要心中有美好，有向往，灵魂便可任意驰骋，抵达愿望的彼岸。

何境界，只要你有这样的兴致，有这样的愿望，有这样的勇气。

是的，此刻，聆听着秋声，凝视着芦花，我在问自己：你，还会不会变成一只大雁，到自由的天空中飞翔呢？

土地啊……

土地。世界上，有什么词汇会比这两个字具有更深厚的含义？有什么词汇会比这两个字更能使人引发悠长的情思？

在中国古老的传说中，人是由土造就的，是女娲用泥土捏出了人形，使他们成为会劳动会唱歌会思想的生命。没有泥土，也就没有人类。这虽然是神话，但不乏真理的成分。试想，假如没有泥土种植五谷百草，没有土地构筑村寨城镇，人类何以生存？何以繁衍？

离开了土地，流水就失去了源；离开了土地，生命就失去了根；离开了土地，一切都会变得漂浮不定、无所依靠。

土地。这不是一个虚幻的形象，而是一个可感可亲可触摸的形象。小而言之，它是

> 作者总能因一物生发丰富的联想，并赋情感、哲理、文化于其中，这需要有足够广阔的视野，有足够博大宽广的胸怀。由"土地"这一意象，生发开去，作者又想到了什么？

> 这一句是文章的主旨与核心。

> 朴素、博大、坦荡、奉献、包容，这是土地的特质和内涵，万物都在土地的怀抱中。它接纳一切，承载一切。

一方田地，一捧泥土；大而言之，它是一片原野，一脉山峰；再大而言之，<u>它也可以是故乡的缩影，是祖国和民族的象征。</u>

世界上最朴素的形象，是土地的形象。它不需要任何装饰，<u>永远是那样浑厚博大，那样质朴自然。在浩瀚的天空下，它坦坦荡荡，襟怀磊落，静静地承载着一切，默默地哺育着一切，不思回报地奉献着一切。</u>

世界上最丰富的色彩，是土地的色彩。我曾经很多次在飞机上俯瞰我们辽阔的国土，我无法用简单的语言描绘眼帘中那些壮观而又缤纷的景象，北方的黑土地，南方的红土地，西北的黄土地，长江和珠江两岸那永远被葱茏的绿色覆盖的水乡泽国……还有那些绵延无尽的群山和丘陵，在阳光的普照下，它们映射出反差强烈的色泽，有时深沉如蓝色的海水，有时柔和如青翠的草地，有时又耀眼如金黄的火焰……从天上鸟瞰大地，看到的是一片神奇美妙的仙境。然而这仙境的主人就是我们这些普普通通的凡人。我们生于斯，长于斯，喜怒哀乐都发源于斯。想到这一点，便更加怀恋土地。人是不能生活在空中的，空中的景色再迷人，也不是久留之地。那些驾驶着飞船在太空遨游的宇航员，萦绕于心的，便是地上的光景。

是的，<u>人类最深沉的感情，是对土地的感情</u>。这种感情绝不是虚无缥缈的，它们很具体，每个人，对土地的感情都会有不同的体验和表达方式。

很多年前，<u>当日寇的铁蹄践踏我们的大好河山时，诗人艾青写过这样两句诗："为什么我的眼里常含泪水？因为我对这土地爱得深沉……"</u>当时读这样的诗句，曾使很多心怀忧戚的中国人泪珠盈眶，热血沸腾。大半个世纪过去，时过境迁，然而读这两句诗，依然让人怦然心动。为什么？因为，人们对土地的感情依旧。尽管土地的色彩已经有了很多变化，但是中国人对历史、对民族、对

> 人生长在土地上，是土地的孩子，也是土地的主人，人类离不开土地，对土地怀有最深沉真切的情感。匍匐在生养自己大地上，人类才能获取安全感与归属感。
>
> 我们的土地永远不容侵略者践踏，为了捍卫土地的主权，中国人可以抛头颅洒热血。

祖国的感情并没有变。说到土地，就使人很自然地联想起与之关联的这一切。古人说："乡土难离"，这是发自肺腑的心声。

在国外旅行时，我曾经见到过一位老华侨，在他家客厅的最显眼处，摆着一个中国青花瓷坛。每天，他都要深情地摸一摸这个瓷坛。他说："摸一摸它，我的心里就踏实。"我感到奇怪。老华侨打开瓷坛的盖子，只见里面装着一捧黄色的泥土。"这是我家乡的泥土，六十年前，漂洋过海，我怀揣着它一起来到美国。看到它，我就想起故乡，想起家乡的田野，家乡的河流，家乡的人，想起我是一个中国人。夜里做梦时，我就会回到家乡去，看到我熟悉的房子和树，听见鸡飞狗跳，喜鹊在屋顶上不停地叫……"老人说这些话时，眼里含着晶莹的泪水，双手轻轻地抚摸着这个装着故乡泥土的瓷坛。那情景，使我感动，我理解老人的那份恋土情结。怀揣着故乡的泥土，即便浪迹天涯，故乡也不

老华侨在国外，每天要摸一摸家乡的泥土，才会踏实，这是多数海外游子会有的恋土情结、怀乡情结，无论身在何处，对自己的祖国和家乡，永远念念不忘，永远热爱。再次，引用艾青的诗句，强化了中国人对土地的情感。

会在记忆中变得黯淡失色。看着这位动情的老华侨，我又想起了艾青的诗句："为什么我的眼里常含着泪水？因为我对这土地爱得深沉……"

对土地的感情，大概每个人都有不同的经历和体会。我的故乡在长江入海口，在中国的第三大岛崇明岛。很多年前，作为一个下乡"知青"，我曾经在崇明岛上种过田。那时，天天和泥土打交道，劳动繁重，生活艰苦，然而没有什么能封锁我憧憬和想象的思绪。面对着岛上那辽阔的土地，我竟然遐想联翩，自由的想象之翼飞越海天，翱翔在我们广袤绵延的国土上。崇明岛和一般意义上的岛不同，这是由长江的泥沙沉积而成的一片土地，就凭这一点，便为我的遐想提供了奇妙的基础。看着脚下的这些黄褐色的泥土，闻着这泥土清新湿润的气息，我的眼前便会出现长江曲折蜿蜒、波涛汹涌的形象，我的心里便会凸显一幅起伏绵延的中国地图，长江在这幅地图上左冲右突、急浪滚滚地奔流着,它滋润着两岸的土地,哺育着土地上众多的生命。它也把沿途带来的泥沙,留在了长江口,堆积成了我脚下的这个岛。<u>可以说,崇明岛是长江的儿子,崇明岛上的土地,集聚了我们祖国辽阔大地上各种各样的泥土。</u>我在田野里干活时,凝视着脚下的土壤,情不自禁地会想:这一撮泥土,是从哪里来的呢?是来自唐古拉山,还是来自昆仑山?是来自天府之国的奇峰峻岭,还是来自神农架的深山老林?抑或是来自险峻的三峡、雄奇的赤壁、秀丽的采石矶、苍凉的金陵古都……

有时,和农民一起用锄头和铁锹翻弄着泥土时,我会忽发奇想:在千千万万年前,我们的祖先会不会用这些泥土砌过房子,制作过壶罐?<u>会不会用这些泥土种植过五谷杂粮,栽培过兰草花树?有时,我的幻想甚至更具体也更荒诞。</u>我想:我正在耕耘的这些泥土,会不会被行吟泽畔的屈原踩过?会不

> 以"我"的亲身经历,谈"我"对土地的感情,从一个小小的崇明岛,便可想到长江,想到昆仑、三峡、天府之国……

> 借土地又联想到古代文人的足迹,是这方土地孕育了文化,孕育文明,千百年来皆如此。

会被隐居山林被陶渊明种过菊花？这些泥土，曾被流水冲下山岭，又被风吹到空中，在它们循环游历的过程中，会不会曾落到云游天下的李白的肩头？会不会曾飘在颠沛流离的杜甫的脚边？会不会曾拂过把酒问天的苏东坡的须髯？……

荒唐的幻想，却不无可能。因为，我脚下的这片土地，集合了长江沿岸无数高山和平原上的土和沙，这是经过千年万代的积累和沉淀而形成的土地，这是历史。历史中的所有辉煌和黯淡，都积淀在这土地中，历史中所有人物的音容足迹，都融化在这土地中——他们的悲欢和喜怒，他们的歌唱，他们的叹息，他们的追寻和跋涉，他们对未来的憧憬……

记得我曾在面对泥土遐想时，写下过这样的诗句："故乡的泥土，汇集了华夏大地的缤纷七色，把它们珍藏在心里，我就拥有了整个中国……"直到今天，年轻时代的这

对泥土的情结，归根结底是对祖国的情结，对泥土爱得深沉，便是对祖国爱得深沉。

种遐想仍会使我的感情产生共鸣。

我们每个人,都是土地的儿子。土地是我们的母亲。一个淡忘了自己母亲的人,不思回报母亲的养育之恩的人,不是一个高尚健全的人。一个鄙视自己的母土,忘记了自己的故乡的人,就像背弃了母亲的不孝之子一样,不仅会失落自己的灵魂,还会被世人鄙视。

人们啊,请记住,你的根,在母土之中。只有把根深扎进生你养你的土地,只有把土地的色彩和气息珍藏在你的心里,你的生命和人生之树才能枝繁叶茂,开花结果……

<u>当每一棵生命之树都在血脉相连的泥土中自由成长,那么,我们的土地就会洋溢一派葳蕤葱茏的繁华景象。</u>

> 每一个华夏儿女,手挽手,心连心,在祖国母亲的怀抱中,健康成长,积极向上,做出贡献,实现人生价值,我们的祖国将会呈现出日益繁荣的景象。

远去的歌声

记忆是一个奇妙的仓库,你经历过的情景,只要用心记住了,它们便会永远留存下来,本领再高的盗贼也无法将它们窃走。<u>记忆中这些美好的库藏,可能是一个动人的故事,一张温和的笑脸,一幅优美的画,一个刻骨铭心的美妙的瞬间,也可能是一种曾经拨动你心弦的声音。</u>

是的,我想起了一些奇妙的声音。这些声音早已离我远去,但我却无法忘记它们,有时,它们还会飘漾在我的梦中,使我恍惚又回到了童年时代。

常常是在一些晴朗的下午,阳光透过窗玻璃的反照,在天花板上浮动。这时,窗外传来了一阵悠扬的女声:"修牙刷——坏格

> 文章通过回忆童年生活中吆喝声给人的美感,抒发了作者对这些声音与这段生活的深深怀念。它虽已远去,但它蕴含着无数动人、温馨的过往,像一首动人心弦的歌。

牙刷修……"这样枯燥乏味的几句话，竟然被唱出了婉转迷离的旋律，这旋律，悠扬，高亢，跌宕起伏，带着一种幽远的亲切和温润，也蕴涵着些许忧伤和凄美，在曲折的弄堂里飘旋回荡，一声声扣动着我的心。这时，我正被大人强迫躺在床上睡午觉，窗外传来的声音，仿佛是映照在天花板上的阳光的一部分，或者说是阳光演奏出的声音和旋律，在我童年的记忆中，午后的阳光，就有着这样的旋律。我的想象力很自然地被这美妙的声音煽动起来，我追随着这声音，走出弄堂，走出城市，走向田野，走到海边，走进树林，走到山上，走入云端……奇怪的是，在我的联想中，就是没有和牙刷和修牙刷的行当连在一起的东西，只是一阵从一个遥远而陌生的地方传来的美妙音乐。我唯恐这音乐很快消失，<u>便用心捕捉着它们，捕捉它们的每一个音符</u>，每一次回旋，每一声拖腔。当这声音如游丝一般在天边消失，我也不知不觉被

"捕捉"，是迅速、敏锐地感知并倾心聆听，突出了"我"听这声音时的认真和专注，更能表现"我"对这声音的痴迷和喜爱。

它带入了云光斑斓的梦境。

<u>这声音和浮动的阳光一起，留在了我的心里，就像一枝饱蘸着淡彩的毛笔，轻轻地抹过一张雪白的宣纸，在这白纸上，便出现了永远不会消除的彩晕。</u>因为这些歌声，修牙刷这样乏味的活计，在我的想象中竟也有了抑扬顿挫的诗意。我常常想，能唱出如此奇妙动听的歌声的人，必定是一些很美丽的女人。我不止一次想象她们的形象：柳树一样的身姿，桃花一样的面容，清泉一样的目光，她们彩云一样播撒着仙乐飘飘而来，又彩云一样飘然而去……因为这些歌声，我从来没有把这声音想成吆喝或者叫卖，它们确实是歌，或者说是如歌的呼唤。然而见到她们后，我吃了一惊，她们和我想象中的仙女完全是两回事。

有一次我在弄堂里玩，突然听到了"修牙刷……"的呼喊，这声音美妙一如以往，悠然从弄堂口飘进来。我赶紧回头看，只见

运用比喻的修辞，把声音留在心里，比作彩笔在纸上抹上彩晕，形象地写出这美妙声音在"我"心灵中留下永远无法抹去的美好印迹，可见"我"是多么喜爱它。

一个矮而胖的姑娘，穿一身打补丁的大襟花布棉袄，背一个木箱，脚步蹒跚地向我走来。她的容貌也不耐看，小眼睛，凹鼻梁，厚嘴唇，被太阳晒得又红又黑的脸色显得茁壮健康。<u>那带给我很多美丽幻想的仙乐，就是由这样一个丑陋的苏北乡下姑娘喊出来的！</u>

我后来又看到过几个修牙刷的姑娘，她们除了修牙刷，常常还兼修雨伞。她们的形象，和我第一次见到的那位差不多。我不止一次观察过她们修理牙刷的过程，那是一种细巧的工作，用锥子在牙刷柄上刺出小洞，然后再穿入牙刷毛。她们的手很粗糙，然而非常灵活……

有意思的是，这些长得不好看的村姑，并没有破坏我对她们的歌声的美好印象。记忆的宣纸上，依然是那团诗意盎然的彩晕。当我在午后的阳光中听到她们的呼喊时，依然会遐想联翩，走进我憧憬的乐园。

那声音，早已远去，现在再也不会有人

> 这才是生活的本来面目，一切都不是那么理想化，出来讨生活场景就是这样粗朴简陋，而且长相也不一定多么漂亮。

要修牙刷。我很奇怪,<u>为什么我会一直清晰地记得它们。</u>当我用文字来描绘这些声音时,它们仿佛正萦绕在我的耳畔。有时候,睡在床上,在将醒未醒之际,这样的声音仿佛会从遥远的地方飘来,使时光倒流数十年,把我一下子拽回到遥远的童年时代。

在童年的记忆中,这样的声音并不单一。那时,在街头巷尾到处有动听的呼喊,除了修牙刷修伞的,还有修沙发的,箍桶的,配钥匙的,修棕绷藤绷的,所有的手艺人,都会用如歌的旋律发出他们独特的呼喊。还有那些飘漾在暮色中的叫卖声,卖芝麻糊的,卖赤豆粥的,卖小馄饨和宁波汤团的,卖炒白果和五香豆的,一个个唱得委婉百啭,带着一种甜美的辛酸,轻轻叩动着人心……

这样的旧日都市风景,已经一去不返。现在时常出现在新村和里弄的叫卖声,<u>粗浊而生硬,只有推销的急切,毫无人生的感慨,更无艺术的优雅。</u>使我聊以自慰的是,现代

> 记得这些,其实是对过往生活的深深怀念。这段生活被打上了深深的时代印迹,让人感怀,像一首动人心弦的歌。

> 发现平凡生活的诗意美,需要有一颗善感的心。生活中的美与艺术是在无功利的状态下编织的,造就的。

人欣赏音乐,有了更多现代的途径。不用天天到音乐厅去,只要戴上耳机,播放一首乐曲,便能沉浸在音乐的辽阔海洋中。然而,有什么声音能替代当年那些亲切温润的歌唱呢?

飞来树

我这个人，极喜欢绿色植物，但花草似乎总和我无缘。曾经在家里种养过很多花木，如橡皮树、喜临芋、铁树、芝兰、橘树之类，但是每次总是水灵灵地搬进来，萎蔫蔫地搬出去。在别人家里长得好好的树木，到了我家，好景总不长。<u>眼看着绿色的树叶一天天萎黄、干枯，我却没有办法使它们起死回生，这是何等痛苦的事情。</u>

> 对于不会养花、又爱花之人，这样的经历大都有过。

还好，在我家的窗外还能看到真正的绿树。朝南的卧室外面有一棵大槐树，夏天，槐树的浓荫遮住了炎阳。朝北的厨房外面，也能看到一棵树，那是一棵高大的泡桐树，有五六层楼高，春天能看到满树淡紫色的花，有风的日子，能听到一树阔大的绿叶在风中发出沙沙的喧哗。

今年仲春的一天，正在厨房洗碗的妻子抬头望着窗外，突然惊喜地喊起来："快来看，一棵树！"

我走到窗边，果然看到了几片翠嫩阔大的圆叶，从墙外探头探脑地伸出来，几乎要撩拂到厨房的窗玻璃。这些叶瓣绿得透明晶莹，在阳光的照耀下，能清晰地看到叶面上细密曲折的叶脉和经络。奇怪，我家住在三楼，窗外哪有树木的存身之地，这树，从何而来？我打开窗，伸出头去探望，这才发现了秘密：厨房窗下贴墙的一条水槽里长出了一棵小树。小树从根部分叉，长出两根枝杈，都已有一指粗，长一米有余，树上大约有几十片手掌大的树叶。<u>风吹来，小树微微摆动，绿叶迎风飘舞，显得风姿绰约</u>。看那阔大的树叶，和隔壁那棵泡桐树一模一样。毫无疑问，这一定也是一棵泡桐了。这棵新发现的小树，使我们全家兴奋不已。它竟然会在我们的眼

这小小的树，给人带来意外惊喜和盎然的绿意、生机。

皮底下长出来。

是谁栽下了这棵树？可能是风，是风把不远处的那棵泡桐树的种子吹到了窗外的水槽里。也可能是鸟，窗外的水槽里常常有小鸟停歇，是它们衔来了树的种子。儿子认定是飞鸟所为，他说："小鸟吃了水槽里的饭粒，想报答我们，就衔来了树种。它们看我们家光秃秃的太没趣，给我们送点儿绿色来。这是飞来树。"飞来树，很有意思的名字。

窗外的飞来树成了我们全家的朋友。我们在它身上没有花费任何心思，它却一天一天蓬蓬勃勃地成长着。随着树身的长高，树叶渐渐越过了窗台，不用探头，就能看到它绿色的身影。我们坐在厨房里吃饭时，飘摇的树叶犹如绿色手掌，在窗外优雅地向我们挥动。这位不请自来的绿色朋友，给我们平静的生活带来了意外的乐趣。

孩子的想法天真又充满趣味和人情味——小鸟为了感恩，在窗外种上一粒树种，为我们送来绿色。

小树的生长环境并不优越，但它却有着顽强的生命力，它努力生长，为我们的生活带来一丝生机与乐趣。

炊烟

<u>在人迹罕至的深山密林里，假如看见一缕炊烟……</u>

在饥肠辘辘的旅途中，假如看见一缕炊烟……

也许不会有什么比它更亲切了。<u>那是一种动人的招手，是一种充满魅力的微笑，是一个似曾相识的陌生人，友好地向你挥动着一方柔情的白手绢……</u>

掸落飘在肩头的枯叶，擦了擦额头的汗珠，我终于看见了远方山坳里的炊烟。它优美地飘动着，无声无息地向我透露着一个质朴的希望。心中的惶乱被它轻轻地抚平了——在深山里走了大半天，饥饿、疲乏、山重水复的怅惘，曾经使我的脚微微地颤抖，步伐

袅袅炊烟，是一幅别有韵味的山村风景画，也给人一种希望，一种亲切感，"炊烟"引导"我"发现了生活中的感动、温暖。

连用比喻，巧妙、形象地说明一缕炊烟给饥肠辘辘之人带来的温情、感动和希望。

也失去了沉稳的节奏……

我急匆匆地走向山坳，走向炊烟。我想象着炊烟下可能出现的情景：大蘑菇似的小木屋，屋里，许是一个白胡子的看林老人，许是一个山泉般水灵的小姑娘，都带着一些童话的色彩……

果然看见两间小木屋了，只是普普通通，不像大蘑菇。<u>木屋里走出一个胖胖的中年妇女，黑红的脸颊上，洋溢着只有山里人才有的那种健康的光彩。</u>"客人来啦，快进屋里歇吧！"没等我开口，她就笑声朗朗地叫起来。一个矮小的男人应声走出来，这自然是她的丈夫了，他只是微笑着点头，似乎有些腼腆。

"能不能……麻烦买一点儿吃的？"早已过了吃午饭的时间，我不好意思地问。

"那还要问，坐下，先喝碗茶！"她把我按在一把竹椅上，转身从灶台的铁锅里舀给我一碗热气腾腾的开水，又悄声叮嘱了丈夫几句，那男人一声不吭地走出门去了。

> 外貌描写，刻画出山里人纯朴健康的形象。与"我"招呼、笑声朗朗，表现了她的热情、真诚、好客、善良、直爽、大方。

灶台有点儿脏,她也许怕我看了不好受,找来一块抹布仔细擦了一擦。"山里人邋遢,将就一下啦!"她一边笑着,一边又从水缸里舀水洗那口空着的铁锅,一连洗了三遍。

不一会儿,那男人拎着满满一篮红薯和芋头回来了,并且已经在山溪中洗得干干净净。她把红薯和芋头倒进锅里,坐到灶背后烧起火来,他不知又到哪里去了。

小木屋里静下来,只有门外哗啦哗啦的林涛和灶膛里毕剥毕剥的柴火,一起一落地在耳畔响着,协奏出一首奇妙的曲子。我喝着茶,打量着小木屋里的一切:简朴而结实的桌、椅、橱;门背后各种各样的农具;一架亮晶晶的半导体收音机,挂在一张毛茸茸的兽皮边上……这山里的农户,真有点儿世外桃源的味儿了。

红薯和芋头馋人的香味在小木屋里飘溢起来。"吃吧,爱吃多少就吃多少,只是别嫌粗糙啦。"她把一大盆冒着热气的红薯、芋头放到我面前。

哦,红薯和芋头,竟是那么香,那么甜,不仅抚慰了我的饥肠,也驱除了我的疲乏。这是我一生中最美的午餐之一!

她坐在一边,快活地笑着看我狼吞虎咽,手中不停地打着一件鲜红的毛衣,毛衣不大,像是孩子穿的。

"你有几个孩子?"

"有两个女儿,到山外读书去了,一个上小学,一个念中学,都寄宿在学校里。我想让她们将来都上大学呢!现在山里人富了,什么也不愁,就指望孩子们有出息。"她笑着回答,语气颇为自豪。这小木屋里,也有着和山外世界同样的憧憬和向往……

吃饱了,歇够了,该继续赶路了。我掏出一些钱给她。

"钱?"她又笑了,"这儿不是商店,快放回你的口袋里吧。如果没忘记山里的人,以后再来!"我的脸红了,也不知是为了什么,

> 为什么是最美的午餐之一?因为它出现在"我"最饥饿、最需要的时候,"美"还"美"在山里人的人情美。

> 山里人性子淳朴善良、热情好客,而城里人习惯性地以钱作为物质交换条件,功利化,形成鲜明对比。

也许是为了这城里人的习惯……

起身走时,我发现背包变得沉甸甸的,打开一看,竟塞满了黄澄澄的橘子!是他,原来他刚才去了橘林。"都是自家种的,带着路上解解渴。"他在一边腼腆地笑着,声音很轻,却诚恳。

我走了。她和他并肩站在门口,不停地向我挥手。

"再来呵!"他们的声音在山坳里回荡……

走远了,小木屋消失在绿色的林涛之中,只有那一缕炊烟,依然优美地在天上飘……再来,也许永远没有机会了,<u>然而我再也不会忘记武夷山中的这一缕炊烟</u>。炊烟下,并没有什么惊心夺魄的传奇故事,却有真诚,有淳朴,有人间最香甜的美餐……

> 不会忘记的是炊烟下小木屋里的一对中年夫妇,以及他们的真诚与淳朴。不会忘记这善良的陌生人带给自己的感动。

别情

一

汽笛又响了——这列车启程的汽笛。

汽笛又响了——这催人离别的汽笛。

再见了,亲爱的朋友,再见。此去关山万里,迎候你的,是北国的风,是塞外的雪。愿你保重,愿你一路顺风!

平时总有说不尽的心里话,在这即将分手的时刻,为何谁也不再出声?<u>千言万语,仿佛都凝聚在深情而又惆怅的默默相视之中……</u>

握一握手吧,握一握手,把千百种祝愿和希望,把许许多多嘱咐和叮咛,都汇集在

> 离别时,难分难舍,与朋友友谊之深厚,跃然纸上,紧紧握住的手,传递了千言万语。

这紧紧一握之中……

不要流泪,朋友,不要流泪,不要让泪水模糊了视线……

二

记不清了,已经第几次送别友人。每一次,都沉浸在浓浓的离别气氛中。

环顾左右,多少离人,多少依依惜别之情——

母亲含着泪,絮絮地叮嘱着即将远行的儿子……

妻子默默凝视着趴在车窗上的丈夫,怀抱中的女儿却在喊着:"爸爸,爸爸,我也去……"

更多的是朋友间的道别,无数双手紧握着,摇撼着,久久不放开……

"多情自古伤离别。"是的,我想起了古人留下的很多诗词。"别离滋味浓于

> 不同的人,不同的离别,同样难舍的情愫。通过这些细节描写,传神地刻画出亲友之间惜别的真情。

酒,著人瘦。此情不及墙东柳,春色年年依旧。"……古人是善于以诗词抒发别情的。

"死别已吞声,生别常恻恻",这是杜甫的《梦李白》,两位大诗人一别成永诀,分手时的那份伤感,在梦中也常常萦绕不散。杜甫饱受人间离乱之苦,留下了很多这方面的诗,他的"感时花溅泪,恨别鸟惊心",已成了尽人皆知的千古绝唱。翻开唐宋诗词,把别情写得凄凉伤感、缠绵悱恻的诗句,实在太多了。一向以豪放达观著称的李白,也有"请君试问东流水,别意与之谁短长"的名句,离别时忧愁怅惘的情感,如同东流之水,源远流长,绵绵不断。欧阳修更是进了一步:"离愁渐远渐无穷,迢迢不断如春水。"与李白异曲同工,只是更为缠绵。写离愁别恨最为惊心动魄的,大概要数唐人的这两句诗了:"君看陌上梅花红,尽是离人眼中血。"盛开的梅花应当是极美的,充满了诗情画意,然而因为离别,它们竟变成了触目的鲜血,

> 引用并诠释经典古诗词中描写离别之情的名句,让离愁别绪更诗意更形象,更触及心灵深处,为文章笼罩了一层伤感的薄雾。

这夸张的诗句，给人一种强烈的真实感。若不是饱尝亲人别离之苦，绝不可能写出这样的诗来。在《西厢记》中，这两句诗又演变成"莫道男儿心如铁，君不见满川红叶，尽是离人眼中血"，虽已不再新鲜，却依然动人心魂……

打断我遐想的，竟是一阵响亮的笑声！

三

> 年轻人的爽朗的笑声,把"我"从离别感伤中拉回来,笔锋一转,转向以开朗乐观的心态面对别离。

<u>是的，是笑声。</u>身边的一群年轻人，在分手前高声谈笑着，笑声中，我只听到几个字："明年春天……"明年春天，他们要干什么呢？是将在哪里重聚，还是要竞赛一下分手后各自的收获和进步？……

<u>年轻人，仿佛用他们的笑声提醒我：离别，不是总和伤感、惆怅连在一起的！</u>

是呵，是呵，他们是对的，也应该有欢乐明朗的别情，表达惜别和思恋，不一定要用眼泪。我又想起了李白，想起了他和友人

的一次别开生面的分手:"李白乘舟将欲行,忽闻岸上踏歌声,桃花潭水深千尺,不及汪伦送我情。"唱着歌送别挚友,确实不同一般,似乎有点儿出格,但李白却深受感动。汪伦的这一阵歌声,也许比一串眼泪、一堆伤感的词汇更使他体会到真挚深厚的友情。用不同的方式,可以表达相似的感情,当然,这是因人而异,因时势因心境而异的。不过,<u>不管怎么样,少一点忧愁和伤感,多一点开朗和达观,大概总是有益而无损的。</u>我想起宋人毛滂的两句赠别诗:"赠君明月满前溪,直到西湖畔。"多么开阔疏宕的胸襟,多么高洁明朗的友情!让皎洁的月亮伴随着远行的友人吧,在清澄的月光中,他们会想起友谊,想起同在月下伫立着的远方的朋友,<u>月光如水,一定能轻轻地荡涤离人心中的嘈杂和烦乱</u>……

既然分手已不可避免,既然生活已在远方招手,那么,满怀信心地上路吧,用微笑,

> 点明文章主旨,告诉我们不管处于什么境遇中,都应多一些开朗与达观。

> 如水的月光,使意境变得明朗而豁亮。以景写情,情景交融。

用真诚的祝愿来告别,不要说"西出阳关无故人",像汪伦一样,唱一支心中的歌吧,像高适一样,挥别远行的友人,笑着喊道:"莫愁前路无知己,天下谁人不识君!"

> 引用古诗中表现以豁达心胸面对离别的句子,之前的伤感和愁绪荡然无存。

四

列车启动了,前方闪烁着绿色的灯火。

再见,朋友,再见!

月台上挥动着无数手臂,像一片奇妙的树林在风中摇曳,并且回响着一片奇妙的涛声:

"再见!再见……"

哦,再见——意味着什么呢?是不是可以说,这是旧的结束,是新的开始,是一种许诺,一种期待,一种希望,是一个要每个人通过不同的途径解开的悬念。是的,因为分别,才有了再见,才有了这种任何力量也无法割断的希冀。是的,在离别的同时,我

> 既然人生中不可避免地会有一次次的分别,那就把再次当成一次旧的结束,新的开始吧。再次见到之后或许一切变得更加美好。让人们守候着这种美好,期待着再聚首。

们应该充满信心地播下希望的种子。即便是天各一方,只要这颗种子在心底埋着,它就会生根,发芽,并且终有并蒂花开那一天的!

再见!……

晚香玉

夜深了,所有白天的喧闹都悄然隐去。几颗亮晶晶的露珠,不知在什么时候凝聚起来,滚落在晚香玉洁白的花瓣中,<u>像一些好奇的眼睛,忽闪忽闪,张望着安谧的夜的世界。</u>几缕清香幽幽地飘起来,屋子里顿时一片芬芳。真怪,这花儿白天淡而无味,一到夜间,就悄悄地吐出馨香来,也许,花儿也是爱安静的吧?

太安静,竟也坐不住了,窗外那随风飘来的花香,仿佛在呼唤着我,撩拨得我心绪不安。出去看看吧,看看这飘着幽香的深夜!放下笔,让稿纸摊开在柔和的灯光下,我走上了阒无声息的街头……

一切都睡去了。白天喧嚣的公共汽车早

> 将花瓣中的露珠比喻成忽闪忽闪的眼睛,形象地表现了露珠的晶莹透亮。

已停歇，街道像一条波平如镜的河流，蜿蜒在浓密的树影里，只有那些因风而沙沙作声的树叶，似在回忆着白天的热闹和繁忙……

有自行车从远处过来了，一辆，又一辆……也许是骑车人怕搅乱了夜的宁静，没有车铃声，只有轮胎擦地的细微的声响。仿佛是约好了的，自行车都在一家工厂门口停下来。这是一家小小的衬衫厂，白天，我总是看见一群姑娘和一些中年女工说说笑笑地去那里上班。此刻，厂门口自行车多起来，一会儿，就有了十几辆。七八个小伙子，三五个中年汉子，还有两个鬓发斑白的老人，他们有的扶着车把，有的靠着车架，静静地站着，只是偶尔相互点一点头，笑一笑。有几个点起了一支烟，微红的烟蒂在树影里一闪一闪……

厂里响起一阵清脆的铃声，这是下班的铃声。几分钟后，女工们从厂门口拥了出来，仿佛没有什么疲劳，依然嘻嘻哈哈，有说有

用波平如镜的河流来比喻街道，说明了深夜里街道的安静与悠长。

女工们勤劳质朴、乐观开朗。

笑，迈着轻快的步子踏上了静悄悄的马路。等在门口的人们推着自行车迎了上去，很快，各自找到了等候的对象。年轻的妻子们，也许已经习惯了这种等待，冲着丈夫嫣然一笑，手扶坐垫，轻轻巧巧地跳上了后车架。一辆自行车，便承担起两口子的重量，稳稳地向前了。超过走在前面的女工时，调皮的姑娘们笑着喊起来："小心！不要人仰马翻了！""嘘——"几个女工轻声劝道："轻一点，轻一点，半夜三更的。"姑娘们吐吐舌头，吃吃地笑了。两位白发老人接到了自己的老伴，把拎包挂上了车龙头，老两口也肩并肩慢慢走远了。

树影下只剩下一个小伙子了，他不安地朝厂门口张望着，眼看女工们已经走完，还不见他要接的人。小伙子低下头，失望了。这时，厂门口出现了一位穿着白连衣裙的姑娘，她蹑手蹑脚，像一朵轻盈的云，飘到了小伙子身边。小伙子抬起头，一把拉住姑娘

> 深夜接亲人下班回家的画面，多么温馨、感人，幸福就是这么简单，简单的等候与关爱，就洋溢着暖暖的幸福。

的手，高兴得狠按了一下车铃——"嘘——轻点，傻瓜！"然而车铃已经叮铃铃地响了，在宁静的夜空里，铃声显得分外清脆，仿佛是一支抒情小夜曲的最后的余音……

秋天的树

<u>秋风在大地上游荡。夏日的酷暑像一群惊慌失措的野兽，在悄然而至的秋风里一哄而散，逃遁得不知去向。</u>

秋天是我最喜欢的季节。年轻时代生活在乡村的那几年，我真正理解了成熟、收获和秋天的关系。在高旷澄澈的蓝天下，等待收割的稻田金浪起伏，长江边的芦花银波荡漾，迁徙的雁群排着整齐的队伍飞向远方，天地之间回荡着它们的鸣唱……这是无比美妙的景象。在城市里，看不到成熟的秋林和原野，也闻不到成熟的果实和稻谷的清香，你只能从气温的变化中感觉秋天。高楼大厦一年四季以不变的姿态屹立在你的视野里，它们绝不会因季节的变化而有所动。

> 这个比喻形象地写出了酷暑之难耐，而秋风一来，酷暑便一哄而散地逃遁，写出了秋风之强大力量，一扫酷暑，天气顿时变得凉爽。

好在城市里有树。树，向城里的人们报告着秋天的消息。

从我书房的那扇北窗中望出去，能看到三棵树，一棵泡桐，一棵月桂，还有一棵梧桐。种树的院子是别人的，但是这并不妨碍我欣赏它们。也许，在一年四季中，吸引我的目光时间最多的是这几棵树。在休息的时候，在思索的时候，我总是凝视着窗外，欣赏它们婀娜多姿的绿色身影。它们向我展现着生命轮回的过程，向我昭示着自然和兴衰起伏的生机，使我联想起我在大自然中曾经有过的种种美妙经历。春天，它们最早把清新的绿色送入我的眼帘。泡桐树还会开出一树淡紫色的花，使我感受到生命的蓬勃和多彩。夏天，它们用浓浓的绿荫遮挡炎阳，在酷暑中带给我些许清凉。这三棵树，引来了很多飞鸟，每天早晨，都能听到鸟在树荫中快乐地唱歌。此刻，风中不时飘来淡淡的清香，那是桂花的芬芳。抬头看窗外，高大的泡桐树叶开始发黄。那棵稍矮一些的月桂正在开花，金黄色的桂花被树荫遮挡着，看不真切，然而微风把它们的清香传送得很远。风紧的时候，会有几片树叶掉下来，就像几只硕大的蝴蝶，在空中优美地闪动着金黄色的翅膀，忽上忽下悠然飘旋……

我知道，随着秋风的加剧，随着气温的下降，很多大树的绿叶会枯黄，会从枝头脱落。然而这并不意味着衰亡和没落。冬天，那些常青的树木依然用绿色证明着它们的存在。<u>而那些脱尽了树叶的树木，同样使我感觉到生命的顽强。</u>在寒风和霜雪中，光秃秃的枝杈就像无数伸向天空的手臂，它们似乎是想拥抱什么，召唤什么。凝望这些冬天的树，我的心里不会有枯萎的联想。冬天是无法消灭这些树木的，等春风一来，它们马上会萌芽长叶，把绿色的春的消息传遍人间。苏东坡说："寒暑不能移，岁月不能败者，惟松

> 脱尽树叶的树木到来年春天又会焕发出绿色的光彩，他们在冬天忍受着寒冷，与风雪搏击，等待着春的到来。所以，同样让"我"感受到生命的顽强。

柏为然。"我想，这松柏，应该是所有树木的代称。

是的，此刻，我想为树，为这些人类的朋友说几句感激的话。它们默默地屹立在我们身边，给我们绿，给我们宁静，给我们清新的空气，却从来不会要人类回报它们。在这个世界上，<u>树是人类最重要最可靠的朋友，我们理应对它们满怀感激之心。</u>在我们这个城市里，有不少年龄比我们上一代的老人们还要老的大树，它们目睹这座城市的沧桑变迁，也把自己的生命奉献给了这座城市。它们不但没有使我们的城市变得衰老，还使一代又一代人从它们身上感受到生命的活力。我们的城市因为它们而显得年轻。树是沉默的，面对自然，它们坚忍顽强，生机勃勃。然而面对人类的摧残，它们却无可奈何，只能逆来顺受。十多年前，我曾经写过文章，为城市里的那些大树担忧。为了修路造楼房，很多大树被砍伐，这是忘恩负义的蠢举。我

> 我们应该对树充满敬意、怀有感恩之情，不能因城市建设而肆意砍伐树木，这是愚蠢的行为，若不加以节制，人类终将自食恶果。

曾经担心我们这个城市最终将会变成一片没有绿色的水泥森林。现在，人们终于认识到树的重要，体会到树的可亲可近和可敬。最近，听说上海市政府已经决定在全市广栽大树，这消息使我感到欣慰。我想，那些沉默的树，它们也会高兴的。

很久以前，读过一位四川诗人的诗集，书名是《伐木声声》，诗人用一种豪迈骄傲的态度对砍伐大树、毁灭森林的行动大唱赞歌。长江流域的森林，就是在这样的赞歌声中消失的。这样的诗，现在再读，当然是触目惊心了。在写这篇文章的时候，我的书桌上也有一本旧诗集，作者是19世纪的法国人拉科姆。其中有一首诗，题为《栽树》，我忍不住要把它抄在这里：

<u>谁栽下了树，谁就栽下了希望。</u>
正如人的生命，必须
扎根于时间的泥土

> 树给人以希望，将绿意无私地播撒给人间，在他身上体现了一种奉献精神，一种博大的胸怀与境界。对树木，人应心怀敬意！诗句运用拟人手法出新意，给阅读者以启示。

才能爬向上帝的天堂。

小树啊,谁能预料

长大后,它们将会多么壮观。

会思想的芦苇

最近回到我曾经"插队落户"的故乡,一下船,就看到了在江堤上迎风摇曳的芦苇。久违了,朋友!

芦苇,曾经被人认为是荒凉的象征。然而在我的心目中,<u>这些随处可见的植物,却代表着美丽自由的生命,它们伴随我度过了艰辛的岁月。</u>

从前,芦苇是崇明岛上一种重要的经济作物。芦苇的一身都有经济价值。埋在地下的嫩芦根可解渴充饥,也可入药。芦叶可以包粽子,芦叶和糯米合成的气味,就是粽子的清香。芦花能扎成芦花扫帚,这样的扫帚,城里人至今还在用。用途最广的,是芦苇秆,农民用灵巧的手,将它们编织成苇帘、苇席、

> 芦苇很普通,不罕见,不娇贵,她美丽着自由着,尽情绽放生命的光华,陪伴"我"走过艰辛岁月,让"我"认识到生命的真谛。

芦筐、箩筐、簸箕，盖房子的时候，芦苇可以编苇墙，织屋顶。很多乡民曾经以编织芦苇为生，生生不息的芦苇使故乡人多了一条活路。我在崇明"插队"时，曾经和农民一起研究利用地下的沼气来做饭。打沼气灶，也用得上芦苇。我们先在地上挖洞，再将芦苇集束成捆，一段一段接起来，扎成长十数米的芦把，慢慢地插入洞中。深藏地下的沼气，会沿着芦把的空隙升上地面，积蓄于土灶中。只要划一根火柴，就能在灶口燃起一簇蓝色的火苗，为贫困的生活增添些许温馨。在我的记忆中，这是一件无比奇妙的事情。

在艰苦的"插队"生涯中，<u>芦苇给我的抚慰旁人难以想象</u>。我是一个迷恋自然的人，而芦苇，正是大自然馈赠给人类的美妙礼物。在被人类精心耕作的田野中，几乎很少有野生的植物连片成块，只有芦苇例外。没有人播种栽培，它们自生自长，繁衍生息，哪里有泥土，有流水，它们就在哪里传播绿色，

芦苇懂得适时地展现生命的美丽多姿与自由，让"我"看到生活的美妙与希望。在面对艰苦环境时表现出生命的坚韧与倔强，给予我战胜困境的信心和力量。

描绘生命的坚韧和多姿多彩。春天和夏天,它们像一群绿衣人,伫立在河畔江边,我喜欢看它们在风中摇动的姿态,喜欢听它们应和江涛的悉索絮语。和农民一起挑着担子从它们中间走过时,青青的芦叶掸我衣,拂我脸,那是自然对人的亲近。最难忘的是它们开花的景象。酷暑过去,金秋来临,风一天凉似一天,这时,江边的芦苇纷纷开花了,那是一大片皎洁的银色。在风中,芦苇摇动着它们银色的脑袋,在江堤两边发出深沉的喧哗,远远看去,犹如起伏的浪涛,也像浮动的积雪。使我难忘的是夕照中的景象,在绚烂的晚霞里,银色的芦花变成了金红色的一片,仿佛随风蔓延的火苗,在大地和江海的交界地带熊熊燃烧。冬天,没有被收割的芦苇身枯叶焦,在风雪中显得颓败,使大地平添几分萧瑟之气。然而我知道,芦苇还活着,它们不会死,在冰封的土下,有冻不僵的芦根,有割不断的芦笋。只要春风一吹,它们就以粉红的嫩芽，以翠绿的新叶为人类报告春天的消息。冬天的尾巴还在大地上扫动，芦笋却倔强地顶破被严霜覆盖的土地，在凛冽寒风中骄傲伸展开它们那柔嫩的肢体，宣告冬天的失败，也宣告生命又一次战胜自然强加于它们的严酷。我曾经在日记中写诗，诗中以芦苇自比。

<u>帕斯卡说："人是一棵会思想的芦苇。"</u>这比喻使我感到亲切。以芦苇比人，喻示人的渺小和脆弱。其实，可以作另义理解，人性中的忍耐和坚毅，恰恰如芦苇。在我的诗中，芦苇是有思想的，它们面对荒滩，面对流水，面对南来北往的候鸟，舒展开思想之翼，飞翔在自由的天空中。我当年在乡下所有的悲欢和憧憬，都通过芦苇倾吐了出来。

我曾经担心，随着崇明岛的发展和进步，岛上的芦苇会渐渐消失。然而我的担心大概是多余的，只要泥土和流水还在，只要滩涂上的芦根还在，谁也无法使这些绿色的生命绝迹。我的故乡，也将因为有芦苇的存在而

> 人可以和芦苇般坚韧和坚毅，如芦苇般耐艰苦；只要你有思想，你就会觉得芦苇也能"飞翔在自由的天空中"，只要你热爱生活，你就能从这种美丽自由的生命中感受到安慰和鼓励，即使在艰苦岁月，也会充满勇气和力量。

显得生机勃发，永葆它的天生丽质。这次去崇明，我专门到堤岸上去看了芦苇。芦苇还和当年一样，在秋风中摇晃着银色的花朵。那天黄昏，我凝视着落霞渐渐映红那一大片芦花，它们在天地之间波浪起伏，像涌动的火光，重又点燃我青春的梦想……

记忆中的光和雾

一

走在人流汹涌的大街上,眼前晃动着无数个面孔。这些面孔,我都不认识,但又好像都似曾相识。记忆中的很多事件,很多瞬间,很多场合,和其中的一些面孔有着关联。我想细究其中的秘密,但他们只是在我的眼前一晃而过,留不下任何痕迹。

二

<u>记忆有时是刻在石头上的线条,那么深刻,岁月的流水无法将它们磨平。</u>譬如童年

> 把某些记忆比喻为刻在石头上的线条,足见其令人难忘。每个人的记忆中都有这样的线条,不会随时光流逝而消失。

时,一次在铁路轨道边上行走,突然有火车从后面奔驰而来,巨大的火车头喷吐着白烟,裹挟着可怕的旋风,从我身边呼啸而过。那雷鸣般的声音,几乎将我的耳膜震破,而那旋风和气流,差点把我卷进车轮。虽然只是一个瞬间,但再无法忘记。此后,看到铁轨便害怕,一直到成年。现在想起来,那个可怕的瞬间依然清晰如初。

<u>有时记忆却像云雾,飘忽在遥远的山谷里。</u>

三

生命犹如一本画满风景的长卷。可是在丰富的色彩中,一定会留有很多空白。用什么来填补这些空白呢?也许是一声叹息,是无奈怅惘的一瞥,是迷途中无望的呼喊和挣扎。也许是一段音乐,我曾在不同的时候,不同的地点反复地聆听,我的心弦

> 不是所有的事情都会被永记,有些记忆会随着时间的流逝而渐渐磨灭,若轻飘的云雾,不久便会散尽。

不断被它拨动。但我却至今不知道这是谁写的曲子。

四

那盏旧台灯，终于不再发出光亮。但我仍然让它站在我的书桌上，仍然在读写时习惯地看它一眼，尽管它已经不能为我照明。发光的是另一盏新的灯，光亮也胜过旧灯。

可是我总在想，<u>曾经为我驱逐过黑暗的那一缕光明，还在这个世界上吗？</u>

五

为什么我喜欢青花？它们在古老的瓷器上散发着沉静的光芒。线条是活泼的，图纹是优雅的，<u>浮躁的思绪会被那蓝色融化，</u>使我想起宁静的湖，想起烟雨笼罩的青山，想

这个世界需要更多的光明，"我"永远不会忘记那一缕曾经为"我"驱散黑暗的光明，那光明温暖了整个夜色，温暖了"我"。"我"对它怀有感激与感恩之情。

青花瓷器上的蓝色散发着悠悠的古朴沉静气息，让人浮躁的内心逐渐安静下来，那不是简单的蓝色，那线条图纹上都融入了先人的智慧，作为一种文化留存下来。

起从竹林中飘出的琴瑟之音。

譬如我桌上那一只小小的青花瓷盘,上面描绘着飞禽走兽,鹿、喜鹊、鹤、蝈蝈、鱼,完全不照比例和常规来画,鱼在天上,鸟在水中,鹿在云湖之间。绘画者是明代的民间艺人,画盘上的景物,只用了寥寥数笔。先人的灵巧和智慧,以如此奇妙的方式凝固并留了下来。

六

从远方归来,行囊中只增添了一件物品:一块石头。

石头从河滩上捡得。在一片灰杂之色中,它以莹润的光泽吸引了我的目光。它的表面光滑,棱角早已被千百年的流水磨平,石色是纯净的鹅黄,莹润如玉,使人联想起昂贵的田黄。但它只是一块普通的河中卵石。仔细看这石头,发现其中有深褐色肌理,细密有致，如水波，如云纹，如画家恣意描画的曲线。我喜欢这样有内涵的石头，把它放在电脑边上，虽无言，却使我的心神为之飘游。伸手抚摸它，它清凉着我的掌心，于是想起在山涧中奔湍的清流，想起曾经在它身边游动的鱼，曾经倒映在它周围的兰草、树荫、星光、月色……

<u>水的韵味，山的气息，大自然的瞬息万变和亘古如一，都萦绕在它的身上，也萦绕在我的手中。</u>

七

<u>那杆用羊毫制成的毛笔，已经老了，秃了。</u>在笔筒里，它像一个颓丧的老人，孤苦寂寥地守候着，却不会再有人理会它。它和现代人的生活似乎风马牛不相及，它的身边是电脑，是打印机，是经常扰人的电话。我觉得奇怪，我这个不怎么写毛笔字的人，居

只要眼光足够放任，思想任意驰骋，充满灵性之光。一块石头，也可以让作者想象出如此丰富动人的画面和场景，这是捕捉生活闪光点，善于发现生命性灵之光的一种能力和修养。

现代书写工具逐渐替代了传统的笔墨纸砚，中国的传统文化在现代文明的冲刷下，离多数人越来越远。这是个值得反思的社会现象。我们究竟应如何对待自己国家与民族的文化精神。

然也把它丰润饱满的笔锋磨秃了。我曾经用它无数次临《兰亭序》，写陶渊明的《桃花源记》和《五柳先生传》，默李杜的诗篇，也用它写信。"一得阁"的墨汁因它而一瓶一瓶在我案头消失。

也许有人会以为我在附庸风雅，会笑话我的墨迹。其实，谁知道我的心思呢？用键盘代笔，久而久之，竟忘记了怎样写字。那些天天面对的汉字，我熟悉它们，也可以用键盘飞快地将它们打上屏幕，然而，当我要用笔书写它们时，它们却一个个变得遥远而生疏，我居然忘记了很多汉字的结构和笔画！

这就是我为什么要经常用毛笔写字的原因。当然，我又备下了新的毛笔，只是仍然舍不得将这旧笔遗弃。

八

一棵梧桐树上,挂着一只风筝。风筝是一只鸟的形状,彩色的,做得很精致。那是一只断了线才掉下来的风筝,它曾经随风高飞在天,而放飞它的,也许是一个孩子吧。孩子牵动手中的绳子,看它在蓝天中越飞越高。一阵狂风吹来,风筝的线断了,它像一只鸟,挣脱羁绊获得了自由,悠然消失在空中。孩子的手中还攥着那根断线,眼睛里一定会有迷惘和失落。于是他会知道,对一只不受束缚的风筝来说,这世界实在太大。

<u>微风吹来,风筝在树上动了几下,但断线缠在树枝上,它怎么也飞不起来了。</u>

九

那本老邮册的主人早已离开人世。我不知道他的身世,也不知道他的经历,只记得

风筝再自由也无法摆脱那根系着它的长绳,绳子虽细,却有着巨大的力量,如果风筝彻底摆脱了绳子的束缚,就等于永远失去了飞翔的自由。没有绝对的自由,任何自由都要受一定规则、规矩的限制,违背这一点,就会永远失去自由。

他的模样，戴一副玳瑁边眼镜，常常是一副沉思的表情。他将邮册留给我时，我还是一个不谙世事的孩子。他出国远去，一直到老死异域，再也没有回来。老邮册里有很多邮票，发黄的纸张，模糊的邮戳，叙说着它们的古老。邮票上有我永远也不可能认识的人物，异国的皇帝、将军、科学家、诗人……也有我无法抵达的许多纪念地，或是巍峨的巨厦，或是古老的废墟和金字塔……它们来自世界各地，邮戳上的时间跨越一个世纪。每一枚邮票都曾经历过千万里的旅行，连接着人间的一份悲欢情怀，关系着一份亲情或者友谊，传递着一个喜讯或者噩耗，或者只是平平淡淡的一声问候。

而我，面对这些邮票，总是会想象它们原来的主人，想象他拆读一封封远方来信时的表情，想象他如何小心翼翼地将它们从信封上剥下。那是一张年轻的脸，脸上有过渴

> 想起余光中的诗句：小时候，乡愁是一枚小小的邮票，我在这头，母亲在那头。邮票寄托了亲朋好友之间的思念、问候，邮票传递着人间悲、欢、喜、乐，连接着人与人之间的情感。

望和惊喜，那是一双年轻的手，它们曾经果敢而敏捷……我不知道他出国后的经历，也没有收到过他的一封信。在我的记忆里，他年轻的脸和那些古老的邮票叠合在一起。而他的记忆中如果有我，大概只是朦朦胧胧的一个好奇的孩子吧。

十

有一次在黑夜中迷了路，一个人急匆匆地走在曲折的陋巷里，远处有一盏昏暗的路灯，将黄色的光芒镀在高低不平的路上。路灯的阴影中突然出现一个人，他背着灯光，脸是黑的，看不清他的表情，也无法断定他的年龄，唯一能看见的是他黑暗中闪烁的目光。我问路，他凝视着我，却不回答。我再问，他还是不应声。我想或许是遇见了聋子。我和他擦肩而过。走出几步，背后传来了低沉的声音："朝有路灯的地方走，就能找到路了。"

我回头想谢他,看见的只是他匆匆远去的背影。和那黑而模糊的脸不同,他的背影是清晰的,路灯的光芒虽然昏暗,却将他的略显佝偻的背影清晰地勾勒在我的视野中。

朝路灯走去,我很快就找到了出路。

<u>在黑暗中,有时只需一点点光亮,便能将人引出困境。</u>

> 这黑暗中的光亮,总给人指明道路,走出迷途,沿着这光亮的方向,就能从困境走出。

十一

在一条热闹的路上,一个中年妇人拦住了我。

"先生,我的男人今天早晨刚刚在医院里死去,我要回家乡去,身边剩下的钱不够买一张火车票,还缺六元钱。你能不能借我六元钱,回去后我会寄还给你。"

她有着一头稀疏的灰白头发,发黑的眼圈显示着夜晚的失眠,她的眼神中含着悲苦,但绝无乞怜的神情。

我从钱包里掏出十元钱递给她。她要我留下地址，我向她摆了摆手，匆匆离去。她的道谢从背后传来，声音里含着由衷的感激。能给这个不幸的女人一点小小的帮助，我有一种难言的快感。

回到家里，向妻子说起这件事，没等我说完，她突然大喊起来："那是个骗子，刚才她也这样对我说过，我已经给过她六元钱！"

妻子的愤怒先是感染了我。我纳闷，那个满脸悲苦的女人，竟会是个骗子？她说她刚死了男人，她为什么要以这样的诅咒骗取区区几元钱？不过我很快平静了，即便她骗了我，又怎么样，我已经以我的方式表达了一份同情。而且，她的真实的悲苦眼神，在我的记忆中不是一个骗子的表情。

<u>向世人展示不幸博取同情，向不幸者布施同情，两者也许都是人性的流露。</u>我想，

> 人性从来是复杂的，既有闪光的令人温暖的同情、善良与大度，也有欺骗、自私和狭隘。愿善良的人性之光越来越强。

这些其实无关高尚或者卑微。展示不幸,是无奈,也需要勇气;布施同情,有时也是为了抚慰自己的灵魂。

十二

乘车在高速公路上疾驰的时候,风声在耳畔呼啸,路边的景物飞一般往身后退却。如让古人复生,坐在我这个座位上,他一定会以为这就是《西游记》中神仙们腾云驾雾的景象。从前花一整天走不到的地方,现在只要一个小时就可以抵达。现代化的科技缩短了时空的距离,遥不可及的目标,可以在瞬间抵达。

飞驰在现代的大道上,我脑子里产生的联想偏偏是昔日的羊肠小道。记得儿时去乡下,走过穿越田野的小路。夏天,小路被两边的芦苇和玉米掩盖,看不到路的尽头。走在这路上，脸颊和身体不时被翠绿的芦叶和玉米叶抚摸着，从绿荫深处传来鸟雀的鸣唱，不知道它们是什么鸟，那百啭多变的鸣唱使周围的天地变得无比幽深。虽然无法看见这些鸟雀，不过有奇妙的鸣唱，它们在我的想象中翩然多彩。<u>走在这样的小路上，植物泥土的清香和天籁的音乐，笼罩了我的整个身心，这是亲切奇妙的感觉。</u>初春时多雨，小路便变得湿滑泥泞，走路时常常被泥泞的路面黏掉了鞋子，还不时会滑倒在路上，摔得满身泥水。事后回想，这大概也是人和土地的亲热吧。秋后，小路渐渐赤裸在空旷的原野中，它不再神秘，一直通达天边，天边有村庄，有在寒风中依然保持着绿色的大树。那景象虽然有点单调，却引发阔大宽广的想象，使我的心在困顿中滋生美好的憧憬。这小路，就像人的生活，不同的时节，不同的心情，便会生出不同的感受和不同的故事。

> 在小路上行走，大自然的美尽收眼底，沉浸其中，生命是如此多彩，如此欢畅。

> 如果要用自己的双脚去寻找一个遥远的目标，我宁愿走崎岖曲折的小路。路边的风景会使艰辛的跋涉充满了诗意和情趣。也许，寻找的过程比抵达目标更令人神往。

在崎岖在小路上行走，虽艰辛却可以经历人生的不同风景，让生活充满了诗意。在追寻的过程中，我们会得到磨砺和锻炼，人生境界会愈加开阔丰富，内心会更强大。

十三

有些风景，可远观而不可近玩，譬如雪山。

远眺雪山，让人心胸豁朗。在蓝天下，雪山闪烁着银色的光芒，峻拔、圣洁、高傲、神秘。大地的精华，天空的灵性，仿佛都凝聚在它们晶莹的银光之中。它们是连接天地的桥梁。

如果是晴天，在蔚蓝色天空的映衬下，银色的雪山格外迷人。即便是阴天，远眺雪山也不会使你失望。它们藏匿在云雾中，忽隐忽现，仿佛在讲述一个神话，虽然遥远，却令人神往。

在云南，我登上过一座雪山。这座远眺如神话般奇丽的雪山，登临它的峰巅时，我却无法睁开眼睛，那铺天盖地的积雪中似乎有无数把锋利的芒刺和刀剑射出，刺得我眼睛发痛。在雪坡上，我始终无法睁大眼睛正视地上的雪，印象中，只留下一片耀眼的白色，还有那万针刺穿般的灼痛。

十四

长江边上有一座很著名的楼阁，古时有文人为之作赋，千百年来脍炙人口，诗文中的楼阁也因此活在了人们的想象中。其实，那楼阁早就在战火中倒塌，江边连它的残柱颓垣也无迹可寻。

现代人喜欢仿造古时的名建筑以弘扬历史和文化，当然更是为了招徕游客。长江边上，那座消失的楼阁也重新耸立起来了，但那是现代人按照自己的想法重建的,是一座和古人诗文中的气味完全不同的新楼。雄伟的钢筋水泥大厦,被粉饰了古时的色彩和外套,怎么看也是一个伪古董。我曾经登上那座金碧辉煌的仿古楼阁,却没有引出丝毫怀古的幽情,想到的是现代人对历史的曲解和阉割。值得玩味的是,这样一件假古董,居然得到那么多人的赞美。

> 现代人对历史曲解和阉割的所作所为,又何止这一件?这是令人痛心的现实。文化缺失是现代人的通病,功利心驱使下,"伪文化"现象越来越严重,成为值得深深反思的社会问题。

十五

据说从梦境可以测知一个人的智慧和想象力。有的人梦境永远是黑白两色,有的人却可以做彩色的梦。别人的梦我不知道,我的梦似乎是彩色的。童年时的有些梦境,直到现在还记得。譬如有一次曾骑上长有羽翼的白色骏马,在蓝色的天空里飞舞,从天上俯瞰大地,大地七彩斑斓,云霞在身边飘动。

也有关于海洋的梦，在梦中乘帆船远航，也曾梦中变成了一条鱼，在海底翔游，深蓝色的涌流中荧光点点，它们变幻成绮丽的大鱼，从远处游过来，把我包围，把我吞噬……日有所思，夜有所梦，梦境和白天的经历有时确实有关系。也是在儿时，有一次白天跟父亲上街，在一家帽子店盘桓许久。父亲选帽子时，橱窗里那些戴帽子的模特脑袋以默然的目光凝视我，无聊至极。那些模特脑袋是用石膏做的，都是外国人的脸，长得一个模样。那晚的梦境很可怕。走进家门，门廊的长桌上放着一个帽子店里的外国模特脑袋，他戴的是一顶中国乡村的毡帽。我走过他旁边时，他突然对我眨了眨眼睛，头也开始摇摆起来，接着，那脑袋从桌上跳下来，在地上一颠一颠地向我扑来。<u>我吓坏了，拼命往屋里逃，可是脚下却像是被绳索套住，跨不出一步，只听见那跳跃的石膏脑袋在我的身</u>

梦有千万种，有何心境就会产生何种梦境。童年无忧，才会做多彩快乐的梦。成年后，历经世事沧桑，梦境更复杂、更模糊。成年后的世界复杂多变，梦境亦如此。

后发出"咚、咚、咚"的声响……

长大成人后,梦境却常常变得模糊不清。不过还是常常有故人入梦。有时也会回到童年,睁开眼睛后,在那似醒非醒的瞬间,会不知自己身在何时何地,有时仿佛仍在孩时,有时却觉得自己已经成为一个耄耋老者,蹒跚在崎岖的小路上……

> 人生的悲欢离合、跌宕起伏,总会在梦中浮现。

十六

一个古盘子,粉白色的盘面上,画着一枝腊梅。腊梅的枝干是弯曲的,三四朵绽开的红梅,五六个含苞欲放的花骨朵,画得精细玲珑,令人赞叹。盘子背后有青花落款:"大清乾隆年制"。这样的盘子,以前有一套八个,每个盘子上的梅花都画得姿态各异。如果它们能完整地保存至今,大概也是价值昂贵的宝贝了。

只剩下一个,而且也不能算完好无损了。

古盘子上有一道淡淡的裂痕。这一道裂痕，在收藏家的眼里，便是身价大跌的致命伤。我不是收藏家，不会将它和钱的数额连在一起。那道裂痕在我的眼里并未破坏了盘子的形象。更令我注意的是盘子表面的釉色，那是一种被称为"橘皮釉"的瓷釉，釉面凹凸不平，犹如橘皮，虽不光滑，却给人浑厚拙朴的感觉，一看就是有年头的古物。盘子底部最显眼的地方，釉彩有被磨损的痕迹，薄薄的一片，露出了瓷盘洁白的本色。要把这一片釉彩磨去，绝非一两日之功，必定有人天天以筷箸匙勺触摸，长年累月，才会留下如此痕迹。我常常在想，是谁一直在用这盘子用餐？是我的列祖列宗中的哪几位？他们曾经怎样议论过这盘子和盘中之餐？而我的联想总是无法转化成具体的人和景象，岁月的云雾笼罩着它，朦胧而含混，云雾散开后，清晰在我眼帘中的，依然是那一株花开满枝腊梅。于是想，大概是自己的联想太俗，应该想一想那个在盘子上画梅的画工，他虽然没有留名，却留下了这株腊梅，可以让人想起大自然的春色。

由一个古盘子联想开去，它贯连着古人与今人，它的背后有多少故事？它被刻上了怎样的历史印痕？

下篇：时间断想

诗意

诗意是什么？

不同的人可能有不同的理解和回答。大概永远也不会有一个公式化的标准答案。不过我以为有一点是没有疑问的，诗意是一种美，是一种美的精神之光的闪烁，是自由的心灵在广阔世界飞翔撞击出的美丽火花。

只要生命存在，诗意就不会消失。

大自然给予人类的诗意是丰富而缤纷多姿的。如果你愿意去寻找去感受，每时每刻它都会出现在你的眼帘，荡漾在你的心胸。

烂漫春光里有诗意，萧瑟秋景中也能找到诗意。诗人可以为春日暖雨中蔓延的新绿写诗，也可以面对秋风中飘舞的金色落叶发出动情的咏叹。

<u>夏日的炎阳照耀着一朵初绽的莲花是一首诗,初冬的冷雨敲打湖面衰败的残荷也是一首诗。</u>

诗意的产生,常常是突然而又自然,你无法预知它的到来,而当它出现时,你总是深深为之陶醉。譬如在冰天雪地中行走时,蓦然见到一株粲然开放的梅花;譬如在乌云弥漫时,一缕耀眼的阳光突然穿过云层的缝隙照亮地面;譬如早晨从奇妙的梦中醒来,发现惊醒你的是窗外一只不知名的小鸟在唱歌……

我想,这样的例子,是永远也举不完的,因为不同的自然环境中会感受到不同的诗意。而我们所拥有的大自然是何等的辽阔多彩。

现代人,尤其是都市人,面对古诗中所描绘的大自然的机会似乎是越来越少。我们更多的是面对各种各样的钢筋水泥建筑,面对茫茫人海,面对着无数熟悉的或者陌生

> 生活如诗,生活如画,平凡的生活中处处皆有美景与诗意。只要你留心,诗意就在我们的身边,就在我们眼睛里。

的人。

人群中当然也能找到诗,这种诗意往往比大自然的诗意更温馨更深沉,更使人为之心弦颤动。

有人说:"世界上最美丽的风景,是人。"这种说法,本身就富有诗意,是对人世间美好景象的一种诗意的解释。

有些只是从人的外表中发现诗意,譬如少女的明眸和秀发,譬如在音乐中翩翩起舞的青春肢体……<u>而真正韵味悠长,意境幽深的,是出自心灵的诗意。</u>这样的诗意无须用语言解释,譬如母亲聆听新生婴儿的啼哭,譬如热恋中的情侣互相凝视的目光,有时甚至只是会心的莞尔一笑,只是一声含泪的叹息……

是的,在人群中寻觅诗意,其实是一种对真诚的渴望,渴望真诚的友情,渴望爱和被爱,渴望真诚的呼唤能得到真诚的回报。有时候,相识几十年的熟人会形同陌路,对

> 只要我们有一双善于发现的眼睛,有一颗美好、淡泊的心灵,张开双臂、拥抱生活,这美好的诗意便无处不在。

方的灵魂永远被一堵无形的厚墙封锁着。有时候,陌生的心灵却会在一瞬间碰撞出美丽璀璨的火星。那一瞬间,可能是茫茫人潮中一次邂逅。目光似乎是不经意地相遇,却毫无阻隔地看见了对方的心灵。也许从此便消失在人海中,永远再无相逢的机会,可是记忆中却燃起一盏不灭的灯。只要你想起人海中那一缕清澈透明的目光,心中的这盏灯便会发出晶莹动人的光芒。

诗意是一种激情,这种激情的抒发常常如喷泉涌动、瀑布飞泻,它是人类良知和智慧情不自禁的流露。

因幸福和欢乐忘情流泪是诗意,譬如亲人久别重逢时泪眼相向、抱头失声,譬如游子返乡时捧起故乡的泥土深情长吻……

<u>面对同类的灾祸和危难,见义勇为、奋力相助,这也是诗意。</u>曾经看过一部难忘的电影:一个幼儿失足跌落在深井中,无数素不相识的人从四面八方赶来,为挽救在黑暗

> 将诗意的内涵进一步延展。怀有高尚的、大爱的情操,为社会无私奉献与付出,也是诗意的体现。升华了文章的主旨。

的地下挣扎的幼小生命，齐心协力，不分日夜地拼搏，终于驱逐了死神。孩子被救出地面时，欢呼和泪水汇成一片激情的海洋……这样的故事和场面，在地球的每个角落都可能发生，谁说这不是诗意呢？

面对残忍和凶暴，发出愤怒的呼喊，目睹人间惨剧后，迸洒出悲戚的热泪，发出哀恸的长叹，也可以是诗意的绝响……

有时候，在孤独中同样能寻求到诗意。

陶渊明的"采菊东篱下，悠然见南山"，王摩诘的"独坐幽篁里，弹琴复长啸。深林人不知，明月来相照"，就是这样的意境。远离尘嚣，陶醉于大自然永恒的宁静，当然是诗意盎然，现代人几乎已无法体会这种独酌天籁、陶然忘机的快乐，而这种快乐是多么迷人。

<u>现代的喧嚣常常使人心灵疲惫。寻求诗意的心灵却可以在喧嚣中进入一种孤独的状态。这种孤独不是与世隔绝、超凡入圣，而</u>

> 在喧嚣的尘世，诗意地栖居，独守心灵的宁静。

暂时忘却世间烦恼，怀有一颗淡泊名利的心，铺开思绪，善于幻想，放飞梦想，让希望在心底开花。这样，在孤独中，也可找到诗意。

是暂时忘却尘世的喧闹和烦恼，独自一人默默地遐想。诗人好比夜莺，坐在漆黑之中用优美的声音唱着自己的孤独。现代人生活空间的狭窄和闭塞，无法封锁心灵的翔舞，自由的思绪和幻想的翅膀可飞向任何你想抵达的目标。也许有人会哑然失笑：这不是白日做梦吗？不错，为什么不能做梦呢？美妙的梦不常常是美妙现实的序曲和雏形吗？

梦和现实当然不能同日而语，梦醒之后现实依旧，尘世的喧嚣依然会扑面而来。然而你在幻想中经历过的美妙片刻却再不会从心中消失。即便现实严酷，你却不至于忘记了理想的境界是何种模样，你会从头开始去寻找……

是的，没有梦的人生，才是真正长夜漫漫、暗无天日的人生。

诗意，是活泼的生命在生活中发现或者创造的一种情调。不管生活的节奏发生多么巨大的变化，酿成这种情调的土壤永远存在着。

当然，并不是所有的心灵都能感受诗意、撒播诗意。当你的心被浮躁或者冷漠笼罩，当你沉溺于泛滥的物欲，当你对生活和人生丧失了激情和爱，那么诗意便会离你而去，就像小鸟毫不迟疑地飞离凋零的枯枝。

一位西方的哲人曾这样说过：我愿把未来的名望寄托在一首抒情诗上，而不是十部巨著上。十部巨著可能会随着时光的流逝被人忘得干干净净，一首优美而真挚的小诗却可能长久地拨动人们的心弦，只要人们的心中还存有诗意。

不一定非要用分行押韵的文字写诗，我们都可能成为诗人。当你面对辽阔的世界高扬灵魂的旗帜，当你无拘无束地让发自内心的欢笑、哭泣、呐喊和叹息在人海中激起回声，当你的心弦因真情的呼唤而颤动……

是的，假如你能够感受到生活中的诗意，你就永远不要悲哀，你可以和骄傲的先哲们

> 浮躁、冷漠、麻木的心灵感受不到诗意，心中有爱、有温暖、有真情才会与诗意邂逅。

> 用心感受生活中的诗意，你就会变得积极乐观，昂扬向上，让烦恼与忧愁远离，让悲哀远离。让我们做个诗意的栖居者吧，怀揣着温暖的梦想，一路高歌，一路吟唱……

一起,吟诵那首童话一般的诗:

诗人是世上唯一的君王,
他的节杖可伸及最遥远的地方,
当帝王在被遗忘的宝座边变成尘土,
诗人的感情却依旧被人们缅怀。
即便是在风沙弥漫的荒漠,
他的诗也会长成一排翠绿的白杨。

诗人是精神的巨人,高尚的思想化成一行行精妙的诗句,直击人的心灵深处,化成永恒。

天上花，湖里梦

夜晚，没有风，湖水平静得像一面巨大的镜子，映照着没有星月的夜空。湖天之间，近处的树林，远处的楼房，以它们跌宕起伏的曲线勾勒出地平线神秘的轮廓。夜空和湖泊，是两个对称的浩瀚空间。

湖畔聚集着数不清的人。人们默默地注视着宁静的湖面，期待着奇迹的出现。音乐响起，仿佛是从湖水里飘旋而出，在空旷的湖水之间回荡。紧随着音乐，湖天交界处突然蹿出一道道暗红色的光点，犹如活泼的蝌蚪，从湖水深处向深邃的夜空腾游，也像犀利的鸣镝，从空中呼啸着飞入湖底。只不过瞬间的工夫，这些蝌蚪和鸣镝便轰然炸裂，变成一朵朵巨大的彩色花朵，在夜空中缓缓绽开。原本幽暗寂静的天和湖,霎时被照得亮如白昼。由晶莹耀眼的火星和彩焰构成的花朵,应和着优美的音乐,伴随着接连不断的爆炸声,在空中一轮又一轮竞相开放。焰火消失后,天上留下了一团团白色的烟雾。这些烟雾也是花卉的形状,它们随风飘动变幻,延续着焰火在夜空里演出的奇妙童话。<u>而天上发生的所有一切,一无遗漏,都同时倒映在湖里……</u>

> 巧妙地连用比喻修辞,写出烟花之胜,之美。让人产生丰富的联想,眼前出现真实可感的画面。

如果你的想象力不贫乏,那么,在这些千变万化的焰火里,可以联想起大地上所有的奇花异卉,可以联想起一年四季中大自然的美妙风景。当然也会联想起和焰火有关的往事,回忆起和焰火有关的一些难忘瞬间。在中国,和焰火联系在一起的,都是喜庆的节日之夜,国庆、春节,还有那些欢庆胜利的时刻。在我儿时的记忆中,国庆之夜是烟花的世界。每年国庆节的夜晚,挤在汹涌的人流中,走向南京路,走向人民广场。天黑下来之后，站在街道和广场上的人群都抬头仰望着天空，期盼激动人心的时刻到来。这样的期盼总不会落空，当那些暗红色的蝌蚪飞上天空，欢快的爆裂声在空中炸响，满天的礼花用缤纷炫目的光芒照亮每一双眼睛，也将彩色的记忆留在每一个人心里。而春节的焰火则是另外一种景象，那是老百姓的自娱自乐，是孩子们欢天喜地的缘由。<u>街头巷尾，屋顶阳台，到处有人在放烟花。</u>那烟花，没有国庆的焰火蹿得那么高，也没有国庆的礼花那么辉煌，但热闹的气氛却是国庆的礼花不能比拟的。如果把国庆的礼花比作花园里国色天香的牡丹，那么，春节的烟花就像大自然中满山遍野的野花。

　　天上的烟花像什么？在听到有人这样发问时，除了那些美好的回忆，我的脑海中竟出现了一些和此时气氛毫不相干的景象。<u>那是战争中的夜景：枪弹和炮弹在夜空中划出耀眼的弧线，随之而来的，是爆炸，是火光，</u>

作者由眼前的烟花盛会，回忆起儿时国庆、春节之夜的烟花盛会之美，气氛之热闹，人们沉浸其中的快乐。这一切都是如此欢快、喜庆。

在喜庆中，作者笔锋一转，由烟花联想到战争年代纷飞的炮火和人类惨烈的战争中遭遇的巨大灾难。

是惊悸的呼喊和痛苦的呻吟……

　　经历过战争时代的人，都有这类恐怖的记忆。父亲在世时，曾经对我说过他的见闻。年轻时，他看见过日本飞机轰炸上海。飞机在天空中隆隆飞过，炸弹从天而降，如飞蝗，如黑鸦，成群成片，接下来就是世界末日般的景象，大地摇撼，火光四起，城市仿佛在地震中颤抖，浓烟起处，很多楼房轰然倒塌。完成魔鬼使命的日军机群很快消失，空中依然是白云蓝天，但人间已是惨象遍地。生命的毁灭发生在炸弹落地的瞬间，无数人在爆炸中丧生，火焰里血肉横飞，遇难者少有完整尸身，到处可以看到死者的鲜血和肢体，连树枝和电线上也挂着血淋淋的脏腑……多少个家庭在爆炸声中毁灭，来不及留下流连人世的只字片言。曾有人目睹这样的景象，一个在街上奔跑的行人，被飞来的弹片削飞了脑袋，无头的身躯仍在路上疾奔，在人们的惊呼中，行者才倒地而亡……更凄惨的，是失去亲人的哀痛。人们至今仍记得，在被炸毁的火车站站台上，一个未谙世事的孩子坐在死去的母亲身边，惊惶失措地放声大哭，他的人生就要从惨绝人寰的爆炸、从亲睹母亲死去的噩梦开始。一个记者拍了那个孩子坐在母亲尸体边痛哭的照片，第二天在报上发表，震惊了整个世界。那张照片展示了战争的残酷，控诉了侵略者的罪行，也保存了那段惨痛的记忆。那个孩子后来的人生，没有人知道。今天，如果他还活着，也已经是年近八旬的老人。<u>也许，那段可怕的经历，是追逐他一生的梦魇。</u>

那个孩子的身边，也是烟和火……

前几天，看电影《东京审判》，遇到电影演员秦怡。看完电影，我们在一起谈观感，秦怡回忆起抗战年代的往事。当时，她在重庆，亲身经历了日本的大轰炸。当侵略者的轰炸机在天空盘旋时，无数人在爆炸中丧生，无数家庭在火光中破碎毁灭。秦怡说起1941年

战争中，惨象丛生，目不忍视。这是日本侵略者带来的血腥残杀与迫害。对于那段历史，任何人都不可回避和遗忘，铁一般的明证就在那里。罪恶的日本侵略者给中国人民带来无比巨大的创痛与灾难。作为一个中国人，更不能遗忘！

6月5日的重庆隧道大惨案,为躲避日军空袭,两千多人在隧道中窒息而死。秦怡说起那些在黑暗的隧道中苦苦挣扎,最后气绝死去的人的惨状。那些在隧道里死去的人,都是以站立的姿势挤成一堆,水泥的墙上被他们抓出了印痕……<u>这是人世间最痛苦的死亡。秦怡说着,眼睛里泪光闪烁</u>……

> 作者借秦怡的亲身经历来控诉日本侵略者的滔天罪行。

秦怡的回忆,使我想起一位重庆老人的悲伤叙述,在日军对重庆的轰炸中,她家有六个亲人丧生。我的电脑中记录着她那些让人心惊的言语:

"那天是一九三九年农历八月十四,刚好是我外公一周年祭日。天气很热,全家人刚吃过中午饭,正在耍,当时一屋子的人有说有笑,特别热闹。突然,防空警报响了,外婆、老汉儿(父亲)、二姐、大姐两岁半的女儿、舅爷、舅娘、舅娘的女儿,加上我8个人,和另外3个帮工一起躲进附近的防空洞,当时舅娘还有身孕。"

"一会儿,警报解除了,我们从防空洞里出来了。谁知敌机突然又回来了,但我们已经来不及再躲起来了,只听见天空中一阵'嗡嗡'的声音。一颗炸弹在我家的坝子里爆炸了,房子炸塌了,我们一家人都被埋在了废墟里……我趴在废墟中的两根木桩之间大哭大喊,只见四周树枝上挂着的亲人们的衣服碎片,地上是他们的断脚、断手、断头……"

"大姐女儿身上的衣服也不知道哪里去了,从前面看,身上一点儿伤都没有,但背上有一个拳头大小的洞,肠子从里面流出来一大堆。舅娘被掏出来时脑壳都没有了,脖子断得齐齐整整,直到下葬时也没有找到她的头。"

"那次轰炸后,附近几个镇的棺材铺都卖缺了。"

"过后不久,我和妈妈到菜地摘菜,摘着摘着,突然闻到一股刺鼻的恶臭,呛得我

家毁人亡,妻离子散,如噩梦一般,多么触目惊心、惨绝人寰。这一个个细节的讲述更唤起了中国人对日本侵略者、对法西斯统治的痛恨,对侵略战争的痛斥与谴责。

几乎晕过去。这时，我摸到了一个黏糊糊的东西，拿起来一看，妈呀，竟是一个断头，还有头发！上面长满蛆，脑髓已经被野狗吃掉了，但眼睛还瞪着，死不瞑目啊……"

这样的噩梦，和眼下舒展在湖天之间的美妙焰火没有任何关系。然而，我却无法驱散火光中生发的遥远苦痛的联想。

<u>炮火和焰火，都是火药的爆炸产生的光芒，两者的目的和效果却是天差地别。炮火，是为进攻，为征服，为反抗，为破坏，为杀戮，是人间最可怕、最惨烈的景象，是战争、灾难和死亡的象征；焰火，是为庆祝，为团圆，为展示和平的欢乐，为表现人间的繁华和喜悦。同样是火花，同样是爆炸，两者所展示的却是人类生活中完全不同的两个极端。</u>

<u>在满天满湖绚烂的焰火中，我默默地为人类的和平祈祷。</u>但愿有这样一天，人间本来用来准备战争的火药都被改做烟花，在一个全人类共庆的夜晚，让象征和平团圆的火

日本的罪行，令人发指，带给中国人的创痛永远无法愈合，任何一个有良知的中国公民都应明白，我们究竟应该如何去做？

炮火与焰火，有关联，更有不同，作者以文人的良知，正视历史，直击心灵。从内心深处，呼唤正义与和平，祝福世界与人类社会更加安康繁盛。

焰之花开满地球的上空，万紫千红，此起彼伏。有什么花朵能比这样的烟花更美丽呢？它的神奇幸福的光芒，将照亮世界的每一个角落，照亮不同肤色的面孔，也将照亮人类走向繁盛安康的未来之路……

附记：某夜，在城郊湖畔参加一个盛大的国际烟花晚会，火花璀璨中，浮想联翩，遂成此文。

2006 年 9 月 4 日于四步斋

我亲爱的母亲河

没有江海,就没有港口,没有河流,就没有城市。人们聚集在江河畔,靠水为生,以水为路。水的流淌,犹如生命的繁衍和律动,水的波光,映照着人间哀乐疾苦。江河,犹如母亲哺养了城市。

<u>上海有两条母亲河,</u>一条是黄浦江,另一条是苏州河。黄浦江雄浑宽阔,穿过城市,流向长江,汇入海洋,这是上海的象征。而苏州河,只是黄浦江的一条支流,但她和上海这座城市的关系,却似乎更为密切。她曲折蜿蜒地流过来,流过月光铺地的沉睡原野,流过炊烟缭绕的宁静乡村,流过兵荒马乱,流过饥馑贫困,流过晚霞和晨雾,流过渔灯和萤火,从荒凉缓缓流向繁华,

母亲河源远流长,从古流到今,滋养了这块土地,哺育了上海人,也见证了上海的发展与变化,记录了一段段不可磨灭的历史。

从远古悠悠流到今天。她流过上海的腹地，流过人口密集的城区，流出了上海人酸甜苦辣的生活……

一百多年前，人们就在苏州河畔聚集，居住，谋生，大大小小的工厂作坊，犹如蘑菇，在河畔争先恐后滋生。苏州河就像流动的乳汁，滋润着两岸香烟旺盛的市民。在我童年的记忆中，苏州河是一条变幻不定的河。她时而清澈，河水黄中泛青，看得见河里的水草，数得清浪中的游鱼。江南的柔美，江北的旷达，都在她沉着的涛声里交汇融合。这样的苏州河，犹如一匹绿色锦缎，飘拂缠绕在城市的胸脯。

我无法忘记苏州河给我的童年带来的快乐。<u>我曾在苏州河里游泳，站在高高的桥头跳水，跳出了我的大胆无畏，投入无声的急流中游泳，游出了我的自信沉着。</u>我还记得河上的樯桅和桨橹，船娘摇橹的姿态仪态万方，把艰辛的生计，美化成舞蹈和歌。我还

> 作者用饱蘸情感的笔墨，写了苏州河曾经的美，以及它给自己的童年带来的幸福和欢乐，河里洞外，弥漫着一派祥和与美好。

记得离我家不远的苏州河桥头的"天后宫",一扇圆形的洞门里,隐藏着神秘,隐藏着往日的刀光剑影。据说那里曾是小刀会的指挥部,草莽英雄的故事,淹没了妖魔鬼怪的传说。我还记得河边的堆货场,那是孩子们的迷宫和堡垒,热闹紧张的"官兵捉强盗",将历史风云浓缩成孩子的漫画。

少年时,我常常在苏州河畔散步。我曾经幻想自己变成了那些曾在这里名扬天下的海派画家,任伯年、虚谷、吴昌硕,和他们一样,踩着青草覆盖的小路,在鸟语花香中寻找诗情画意,用流动的河水洗笔,蘸涟涟清波砚墨,绘树绘花,绘自由自在的鱼鸟,画山画河,画依山傍水的人物……<u>然而幻想过去,眼帘中的现实,却是浊流汹涌,河上传来小火轮的喧哗,还有弥漫在空气里的腥浊……</u>

苏州河哺养了上海人,而上海人却将大量污浊之物排入河道。我记忆中的苏州河,更多的是浑浊。她的清澈,渐渐离人们远去,

> 之前的描写都是铺垫,曾经的美好化为乌有,母亲河变得伤痕累累,面目全非。这种对比形成的反差,更令人痛心。

涨潮时偶尔的清澈，犹如昙花一现，越来越难得。苏州河退潮时，浑黄的河水便渐渐变色，最后竟变成了墨汁一般的黑色，而且散发着腥臭，污染了城市的空气。<u>这条被污染的母亲河，成为上海的耻辱，也成为上海人眼帘中的窝囊和心里的痛。她就像一条不堪入目的黑腰带，束缚着上海，使这座东方大都市为之失色。</u>江河无辜，有错的是污染了她们的人类。面对苏州河滚滚的浊流，应该羞愧的是靠这条河生活的人。人们无休无止地吸吮她，没完没了地奴役她，却没有想到如何爱护她。苏州河，以母性的温柔博大，承接了城市无穷无尽的索取，容纳了人类所有肮脏的排泄。岸边的上海人繁衍成长，而母亲河却疲惫不堪。她的黑色浊浪，是上海脸上的污点。

　　我曾经以为，苏州河的清澈，将永难恢复。二十年多前，<u>我在一首诗中为母亲河哀叹</u>，并一厢情愿地以苏州河的口吻，无奈地呐喊：

生活在河两岸的上海人污染了哺育自己的母亲河，他们为了生产与发展，毫不顾忌地伤害着、奴役着这条河。

作者用诗表达了自己目睹这一切之后的痛心与无奈，哀叹着母亲河的凄惨命运。作者对人类破坏大自然的行为进行了无情的抨击，给社会带来启示，令人深思。

"把我填没吧，把我填没／我不愿意用甩不脱的污浊／破坏上海的容颜／我不愿意用扑不灭的腥臭／污染上海的天廓／哪怕，为我装上盖子／让我成为一条地下之河。"

二十多年过去，再看我的这首诗，我发现，我的呐喊，可笑之极，我的悲观，幼稚而浅薄。苏州河没有被填没，也没有成为地下河。这些年，我一直在各种传媒报道中看到关于苏州河改造的各种消息。我怀疑过，认为这可能是虚张声势，要使一条浑浊的河流变清，谈何容易。然而毋庸置疑的是，苏州河以她的累累伤痕，以她的疲惫和衰老，唤醒了人们：必须拯救我们的母亲河！为使被污染的苏州河重返清澈，上海人想尽了一切办法，疏清河道，切断污染源，改造两岸的环境。轻诺寡信的时代，早已过去，无数人在默默地为此行动。这些年，常常经过苏州河，河岸的变化很明显，破旧的棚屋早已不见踪影，河畔的垃圾码头和杂乱的吊车也已绝迹，河

> 可喜的是，上海人意识到这一点，积极行动，采取措施。挽救回母亲河的生命，终于还她以清澈和美好。

岸已经被改建成花园，绿荫夹道，草坪青翠，绿荫缝隙中水光斑斓。我甚至不知道，这些变化，发生在什么时候。这两年过端午节时，在电视上看到苏州河里举办龙舟竞赛，波光粼粼的河面上，鼓声震天，万桨挥动，两岸是欢声雷动的人群。电视里看不清河水的清澈度，但是给人的联想是：在一条污浊的河流中，怎么能举办这样有诗意的活动呢？

终于有了像童年时一样亲近苏州河的机会。前不久，上海举办一个讴歌母亲河的诗会，请我当评委。组织诗会的朋友说，请你从近处看看今天的苏州河吧。昔日的杂货堆场，成了一个现代化的游船码头，踏着木质的阶梯登上快艇，河上的风景扑面而来。先看水，水是黄色的，黄中泛绿，有透明度。远处水面忽然溅起小小的浪花，浪花中银光一闪。竟然是鱼！没有看清楚是什么鱼，但却是活蹦乱跳的水中精灵。童年在河里游泳的景象，突然又浮现在眼前，四十多年前，我在苏州当"我"再次亲近母亲河之时,发现她真的又焕发出生机,美丽的苏州河又回来了!依然是之前那个充满着生命气息,令人神往的母亲河。

河里游泳,常有小鱼撞击我的身体。<u>现在,这些水中精灵又回来了。</u>河道曲曲折折在闹市中蜿蜒穿行,两岸的新鲜风光,也使我惊奇。花圃和树林,为苏州河镶上了绿色花边。河畔那些不知何时造起来的楼房,高高低低,形形色色,在绿荫中争奇斗艳,它们成了上海人向往的住宅区,因为,有一条古老而年轻的河从它们中间静静流过。

这些年多次访问欧洲,我观察过欧洲大陆上几条著名的河流:莱茵河、塞纳河、泰晤士河、多瑙河、伏尔加河、涅瓦河……其中有几条河流,也曾有过由清而浊,由浊而清的历史。面对着异国河流中涌动的清波,我曾经不止一次暗暗自问:什么时候,故乡的苏州河也能由浊而清呢?这个似乎遥不可及的目标,此刻竟已展现在我的眼前。

生活中有一条江河多么好,没有江河,土地就会变成沙漠。江河里有清澈的流水多么好,江河污染,生活也会变得浑浊。苏州河,我亲爱的母亲河,我为她正在恢复青春的容颜而欣慰。一条污浊的河流重新恢复清澈,是一个梦想,一个童话,然而这却是发生在我故乡之城的真实故事。

<u>一个能把梦想变成现实的时代,是令人神往的时代。</u>

呼唤人类保护大自然,珍爱生存环境。这个时代,这个社会绽放着人类幸福安康的希望之花,让我们每个人都行动起来吧!

血与沙

一双奇异的大眼睛充满了电视屏幕。

这是一双布满了血丝、含着泪水的黑色眼睛,它呆呆地盯着前方,目光里流露出来的是惊惶,是恐惧,是疑惑,是仇恨,是愤怒,是麻木和疯狂的混合……

这是一双牛的眼睛,是一头受伤待毙的雄牛的眼睛。我无法说清楚这双眼睛所流露出的感情。

眼睛逐渐远去。牛的形象完整起来,清晰起来。它四脚分开定定地站着,巨大的头沉重地下垂,喷吐的鼻息犹如绝望的哮喘,而眼睛却竭力向上翻着直视前方,一对锋利的犄角和它的目光指着同一个方向。它的耸

> 文章从刻画斗牛场上一头受伤待毙的雄牛眼睛开始,流露出的眼神与感情如此复杂。文章从开始就显得惊心动魄,引人入胜。

起的肩胛上，插着四枝钩枪，钩枪随着肩胛肌肉的颤抖不安地晃动着，浓而黏稠的鲜血从肩胛上慢慢地往下淌。

屏幕闪了一下，牛的形象消失了。取而代之的是一位中年斗牛士。刚才那双充血的牛眼所凝视的，就是这位斗牛士。他的服装是华丽的，白色的紧身外套上绣满了亮晶晶的花饰。他的右手平举着一柄雪亮的剑，剑锋向下，目标是牛脖子的后上部，从这个部位插入，便能直捣心脏，一剑将庞大的雄牛刺死……斗牛士是一位剽悍健壮的中年汉子，看架势便知道是个久经沙场的老手。那一头棕色的鬈发下，一双距离很近的眼睛微微眯着，眯成一线的黑色瞳孔闪着奇异的光。这目光中流露的情绪也是极复杂的，有骄傲，有嘲讽，有怜悯，有残忍，有自信，也有隐隐约约的迟疑和畏惧……

人和牛，就这样沉默着，对峙着。惊心

斗牛士出现了，他的眼神与情绪也极为复杂，预示着一场殊死搏斗即将展开。作者善于抓住细节描写，将人与事刻画得细致入微。这来自敏锐的观察力，从想象捕捉到神韵与本质。

动魄的斗牛，此刻到了惊心动魄的极点，翻江倒海一般沸腾喧嚣的观众席上，刹那间变得寂然无声。人们紧张地屏住了呼吸，期待那最后的时刻到来。在这沉默的对峙出现之前，斗牛士曾经用一块红布，把疯狂的雄牛逗引得团团转。那时雄牛还浑身充满了野性和力量，它低沉地吼叫着，有力的脚蹄蹬得沙土飞扬。它一次又一次低着头向斗牛士猛扑过去，斗牛士一动不动地站着，只是将手中红布轻巧地一挥，于是尖锐的牛角只是在舞动的红布上掠过，斗牛士微笑着安然无恙。受骗的雄牛越来越愤怒，它的进攻也越来越狂暴。那对巨大的犄角恨不能一下子戳穿骗局，戳穿行骗的斗牛士的胸膛。然而那红布却仿佛有着无法抗拒和抵御的魔力，雄牛的角只能擦着红布，狡猾的斗牛士永远潇洒而又安全地躲在那飘舞的红布背后。斗牛士的勇敢、敏捷、机智，在雄牛一次次受骗的过程中表现得淋漓尽致。这时观众在狂喊,在鼓掌,在跺脚,仿佛正在欣赏一场新鲜而刺激的艺术表演。在他们的眼里,人和牛的这种危机四伏的周旋永远是新鲜的。这是万物的灵长——人,和一种强悍的牲畜的较量,是智慧战胜愚钝,是机敏战胜莽撞,是狡猾的猎手一步一步把他的猎物引入陷阱……<u>暴跳如雷的雄牛终于厌倦了,这反复不断的徒劳进攻消耗了它的大部分体力,它精疲力竭地站定了,只是瞪大一双充血的眼睛,死死地盯住面前这位使它发狂也使它困惑的人,仿佛在问:"你,到底要把我怎么样?你这魔鬼!"</u>斗牛士脸上掠过一丝微笑。他从容不迫地卷起红布,悄悄抽出了雪亮的剑,然后眯起眼睛,慢慢地将手中的剑平举到和眼睛一样的高度,剑锋向下,对准了牛的颈脖……

人和牛,在万众屏息的沉默中对峙了

> 作者为我们描绘出一场精神的斗牛表演,用生动细致的笔法,再现了一切惊魂的表演,让读者紧张到屏息敛声,如同亲临现场。

五六秒钟,漫长而又庄严的五六秒钟!斗牛士的每一根神经每一块肌腱都紧绷着处于高度亢奋状态,他的目标明确,他的任何细微的动作和表情都潜伏着杀机。而牛呢,它只是茫然失措地凝视着对手,全然不知等待着它的下一幕将是什么。也许,从那剑锋闪出的寒光中,它突然产生了不安和危险的预感,于是,它把头一低,又向斗牛士冲来……

就在雄牛移动脚步的同时,斗牛士也行动了,他旋风一般向近在咫尺的雄牛猛扑过去,人们只看到一道白光射向黑色的牛体。人和牛猛烈地撞了一下,斗牛士被弹得远远的,他在离开牛头三四步远的地方摇摇晃晃地打了个趔趄,然而终于没有倒下来。

雄牛还在低着头继续向前猛冲。在它粗壮的颈脖上,赫然多出四五寸长的一截铁棍——这是剑柄!在人牛相撞的瞬间,斗牛士竟将利剑整个儿刺进了雄牛的躯体!突然,雄牛站住了，它抬起头来，痛苦地扭动着，鲜血像喷泉般从它的嘴里涌出；然后它弯下前腿作跪地状，头慢慢地低下来，<u>一直低到鲜血淋漓的嘴触到了沙地，终于带着几阵临死的痉挛倒下，仿佛崩塌了的一座黑色的山峰</u>……

杀死一头雄牛的表演到此结束。接下来的镜头也是疯狂热烈的，成千上万的观众从座位上站起来，向场子里欢呼着呐喊着，手帕、鲜花、帽子、头巾，雨点一般向绕场边走着的斗牛士抛飞。斗牛士还没来得及理一理凌乱的头发，他深深地陶醉在成功和死里逃生的喜悦之中，只见他不住地向观众们挥着手，抛着飞吻，轻松的步子犹如跳舞。几朵红色的玫瑰落在他身上，花瓣和他衣襟上的血迹是同一种颜色。场里有人交给他一样东西，他笑着把它高高地举在手中，一个黑色的、毛茸茸、血淋淋的三角形东西——<u>这</u>

> 斗牛比赛的实质是一场目不忍视的杀戮，一方的胜利以另一方的生命终结为标志。

> 斗牛士胜利了，沉浸在一片欢呼之中，俨然是一位至高无上的勇士，可谁又能想到倒地惨死的雄牛的悲哀。

是死去的雄牛的一只耳朵尖。于是看台上欢声掌声雷动，人们由衷地庆贺斗牛士得到了最高奖赏……

啪地关上电视机，房间里顿时一片安静。血、剑、兽的咆哮、人的呼叫，一切都消失得干干净净。窗外，是阳光灿烂的墨西哥城，鲜亮的绿荫和缤纷的楼群交织成一幅宁静的图画。然而我的思绪却无法平静下来，刚才在电视中出现的一系列镜头使我仿佛置身斗牛场，并且在极近的距离内目睹了一场惊心动魄的斗牛。我的手心里捏出了汗水，我的心跳因紧张而加速。这种带着原始和冒险色彩的竞技，给人的刺激和印象是那么强烈。如果坐在斗牛场里看这场人和牛的搏斗，恐怕会紧张得受不了。在电视里看到不少身穿盛装的太太小姐们也坐在看台上，和男性的斗牛迷们一起疯狂地尖叫、跺脚、鼓掌，不禁令人愕然。也许，在勇敢剽悍的斗牛士身上，洋溢着无可比拟的男子汉气概,这对许多女性有着难以抗拒的吸引力,尽管斗牛士们以屠杀为业,尽管他们的身上血迹斑斑……

  墨西哥的斗牛士们是名扬天下的,不少斗牛士的名字可以毫无愧色地和西班牙的斗牛士大师们比肩而立,受到无数斗牛迷的崇拜。四百多年前,西班牙殖民者在墨西哥修建了斗牛场。斗牛,作为一种体育、一种娱乐,漂洋过海传到了墨西哥。几百年来,世事沧桑,战云起落,墨西哥像一艘在风浪中行驶的船,而斗牛却长盛不衰。墨西哥人在斗牛场里放声呼喊着,发泄着,只要红布挥动,只要剑光闪烁,只要牛的咆哮骤起,只要热腾腾的鲜血洒入沙土,他们便疯狂了,便忘却了现实中的所有哀怨烦恼。当一个斗牛士是许多少年人的梦想,<u>因为斗牛士是勇敢无畏的象征,是男子汉中的精华,斗牛士的名字,和荣誉、金钱连在一起。</u>难怪一位墨西哥诗人

> 斗牛士是男子汉中的精华,象征着勇敢和无畏,被鲜花、掌声和金钱包围。任何一种社会产物,都会有其产生的文化与历史根源。

写下了这样的诗句：

失败的雄牛颓然倒地，
喷涌的红血是献给勇者的花束。
斗牛士像太阳一样升起来，
仰望他的女人们眼里燃着爱慕，
欢呼吧，欢呼有如金币在奏乐。

这位诗人或许也曾做过斗牛士的梦，那些讴歌斗牛士的诗行中隐约还流露着他的怅憾和醋意。

不过也有另一种给斗牛士的诗：

> 这首诗的观点倾向被宰杀的牛，对死去的牛充满了同情与悲悯，对双手沾满鲜血的斗牛士充满了辛辣的讽刺与警告。

你以为长着犄角的雄牛，
就这么心甘情愿任你宰杀吗？
等着吧，骄傲的斗士，
在沉默的牛群里，
总有一对犄角将染上你的血！

这简直就像可怕的预言和诅咒。斗牛士们读着这样的诗句，恐怕会心惊肉跳的。

谁能想象斗牛士的担忧、痛苦和恐惧呢？为了那些万众欢呼的荣耀和威扬四方的名声，斗牛士付出的代价是巨大的。一位墨西哥作家告诉我，斗牛，是把性命捏在手中的冒险，任何高明的斗牛士都无法预料自己的下一场斗牛将会有何种结果。有一个细节很说明问题：在斗牛结束后，有些斗牛士走出沙场后的第一个动作便是往家里打电话，把自己平安无恙的喜讯告诉亲人们。斗牛士的母亲、妻子大多没有勇气到斗牛场观战。当她们的儿子或者丈夫在沙场和雄牛搏斗时，她们守在家中心惊胆战地等待着，可以想象，当电话铃突然在寂静之中响起来时，她们的手是如何颤抖着伸向话筒……

斗牛场上的惨剧屡见不鲜。斗牛士并不

> 在斗牛的竞技中，斗牛士同样面临着死亡的威胁，要么牛倒在血泊中，要么斗牛士倒在血泊中。

以一场惨烈的人牛双亡的案例，表现出这种竞技的残忍与血腥，而斗牛迷们却不以为然，对观赏这种充满刺激的比赛乐此不疲。

是永远以胜利告终，疯狂的雄牛曾经一次又一次用剑矛般的犄角刺穿斗牛士的身体。斗牛场的沙地上不仅有牛血，也有人血。就在我抵达墨西哥的前两个月，在西班牙首都马德里郊外的科尔梅那·比埃赫斗牛场上，21岁的著名斗牛士豪赛·库贝罗把剑刺入疲极卧地的牛颈，正在向欢呼的观众致意时，那头已经倒下的近500公斤重的雄牛突然跃起冲向库贝罗，将角刺入他的胸部，然后，像挑一个稻草人似的将它的对手挑到空中，又重重地摔在地上。库贝罗的心肺被牛角穿透，不治而亡，而那条公牛也用尽了最后一点力气，倒毙在斗牛士身边……尽管反对斗牛的呼声此起彼伏，然而谁也无法使这种流传了千百年的人兽之斗中断，谁也无法消灭斗牛迷们的热情。斗牛迷们反驳道："斗牛比赛车安全多了，如果完全失去危险性，那不成了耍猴儿了吗？"

本来想在墨西哥城看一场斗牛，遗憾的是，我们的访问中无法插入这一项目。

很巧，墨西哥城的大斗牛场就在离我下榻的宾馆不远的街区。那天看完电视不久，我一个人走出宾馆，迎着落日的余晖向斗牛场走去。五分钟以后，我就站在了斗牛场高高的围墙下。这是一个巨大的圆形建筑，四周有门，门柱上耸立着形态各异的雄牛和斗牛士的雕塑，狂奔的牛、向上蹿跃的牛、低头猛冲的牛、受伤垂危的牛，挥舞红布的斗牛士、骑马持枪的斗牛士、举剑冲刺的斗牛士……形形色色的牛和人，在高高的门柱上默默俯视着我，使我想起斗牛场上种种激烈的你死我活的搏斗。斗牛场前空旷的大街上不见一个人影，夕阳把我长长的影子投到灰色的铁门上，然而门紧锁着，斗牛场里的沙地和沙地上的血迹，只能通过想象来由我自己描绘了。尽管周围一片寂静，但我的耳畔似乎响起了无数声音,其中有牛的嘶吼,有人的呐喊,有靴子和牛蹄在沙地上踩出的声响,有枪剑和骨肉的摩擦撞击,有欢呼和笑声,有叹息和哭泣……

离开斗牛场时,我突然想起了伊巴涅斯的小说《血与沙》,想起小说结尾的两句感叹:

可怜的雄牛!可怜的斗牛士!

在人与牛的殊死搏斗中,充满血腥的屠杀,是你死我活的竞技,自从这种竞技诞生以来,就注定了它的悲剧性,参加竞技的人和牛,都无法真正逃脱这悲剧的命运。

特奥蒂瓦坎之夜

特奥蒂瓦坎古城，一片被茅草和仙人掌覆盖的废墟。当流血的残阳在起伏的地平线悄然消隐时，废墟复活了。

茅草和仙人掌成了他们稀疏凌乱的须发，在幽邃沉重的天幕下飘动。凹陷残缺的窗和门，成了他们的眼和口。那些黑洞洞的深不见底的眼睛，曾凝视过千年来的风云变幻和尘烟起落。他们的视线里有人的搏斗、跋涉和挣扎，也有兽的撕咬、追逐和交欢……那些永不闭锁的嘴，则在娓娓叙说着产生在墨西哥高原上的种种历史和传说……

一群鹰从逐渐暗黑的天空盘旋降落，无声地消失在废墟的背后。人们无法知道它们藏在何处。

太阳金字塔和月亮金字塔面目模糊了,只是将巨大巍峨的剪影黑黝黝地投到天幕上,成为两头神奇的巨兽,在逐渐浓重的夜色中默默对峙。它们对峙了千百年,谁也无法移动一步。旭日东升时,太阳金字塔陶醉在容光焕发的骄傲中,月上中天时,月亮金字塔便成为尊贵矜持的公主,咫尺天涯,它们之间的距离是多么遥远,永远可望而不可即。只有在这样没有月光的暗夜,只有在朦胧的夜色笼罩特奥蒂瓦坎的所有一切时,<u>它们才暂时失去了距离。日月诞生的神话像神秘的烟雾,在黑暗中弥漫着闪烁着迸发出惊心动魄的声响,两座金字塔在这烟雾中融为一体</u>……

神秘的烟雾真的出现了——

空空荡荡的"亡人大道"上人声骤起:杂沓的脚步声由远而近,陌生的鼓乐中夹杂着陌生的呐喊和歌唱……不见人影,唯有声浪汹涌蔓延。声浪过处,道旁的废墟中——

古老的金字塔在夜里散发着独有的神秘色彩,让人好奇又神往。

飘出怪诞的音响：有似老者低吼，有似妇人窃笑，有似隐士轻声自语，有似众人七嘴八舌争论……凹陷的窗和门中，闪出七彩的幽光……

突然，一阵浪卷潮涌般的大响轰然而起，淹没了广袤幽暗的特奥蒂瓦坎。这是人群的欢呼，这欢呼来自每一座古堡、每一段残垣、每一块岩石，来自茫茫古城的每寸土地。渺无人迹的特奥蒂瓦坎被狂热的欢呼淹没了……

太阳金字塔在欢呼的簇拥下竟逐渐亮起来，亮成一个无比巨大的通红透明体，犹如旭日将升未升时的天空，在那默默燃烧的红色之中，蕴藏着一轮生机勃勃的太阳……

终于，一切都悄悄地消失，只剩下黑暗和风的呼啸，影影绰绰的废墟神秘地投影在深邃的天幕上。

那消失的一切，并不是幽灵显形，也不是我的幻觉，而是现代墨西哥人用现代技术

这一切的影像，皆是人为，让人们在虚拟中得以接近真实的体验。

<u>装扮的特奥蒂瓦坎之夜，是电脑、彩灯、扬声器在黑暗中演出了这一切。</u>于是历史得以再现，传说得以上演，寻奇探秘的目光得以满足，渴望翱翔的想象之翼得以飞展……

离开特奥蒂瓦坎时，一个墨西哥孩子拦住了我们的汽车。只见一双大眼睛在车窗前闪闪发亮，那眼神中充满了急切的期待。他手里举着两尊乌黑的石头雕像，口中连声喊道："先生，买一对雕像吧——太阳神和月亮神！它们会给您带来运气！"

浓重的夜色里，我没有看清楚那一对雕像的模样，太阳神和月亮神凝缩到了这样两块小小的黑曜石中，足见人类的聪慧和幽默。天地万物究竟是谁的创造，没有人能说得清楚，人类能引以为傲的绝不是大自然的鬼斧神工，而是自己的创造。此刻正被黑暗和荒寂笼罩着的特奥蒂瓦坎的古代墨西哥人为什么会离弃这座雄奇辉煌的古城，也没有人能说清楚。究竟是为了躲避灾祸，还是为了追求更完善更美好的栖身之地……我想，能有勇气舍弃这样一座城市去进行新的冒险、开拓创造，这也是人类值得骄傲的举动。这举动引出后来人多少奇丽缤纷的幻想，这些幻想，也是人类智慧的结晶，当夜幕降临，<u>这些结晶便有声有色地出现了</u>……

遐想之间，汽车已远离了特奥蒂瓦坎。回头望去，只见一片深不见底的夜色，古城被夜色融化了。而前方，墨西哥城的灯火正像黎明的海洋一般扑面而来，在越来越辉煌的灯火中，我似乎又看到了那个高举着太阳神和月亮神的墨西哥孩子，<u>看见了他那双睁大着的充满了期待的眼睛</u>……

> 吸引人不断探寻着它的文明史。

> 特奥蒂瓦坎曾经是最辉煌的城市文明之都。由于缺乏文字记载，这座城市的历史至今仍笼罩在一片迷雾中。这一切给了作者更多更大的想象空间，让这片古老的消失的废墟更加神秘更富有魅力。

与象共舞

在泰国，如果你在公路边的草丛或者树林里遇到一头大象，那是一件很自然的事情。不必惊奇，也不必惊慌，大象对蚂蚁一般的人群已经熟视无睹，它会对着你摇一摇它那对蒲扇般的大耳朵，不慌不忙地继续走它自己的路。那种悠闲沉着的样子，使你联想到做一个人的焦虑和忙乱。

象是泰国的国宝。这个国家最初的发展和兴盛，和象有着密切的关系。大象曾经驮着武士冲锋陷阵，攻城夺垒，曾经以一当十、以一抵百地为泰国人服役做工。被驯服的象群走出丛林的那一天，也许就是当地文明的起源。泰国人对象存有亲切的感情，一点也不奇怪。

在国内看大象，都是在动物园里远观，人和象隔着很远的距离。在泰国，人和象之间失去了距离。很多次，我和象站在一起，象的耳朵拍到了我的肩膀，象的鼻息喷到了我的身上。起初我有些紧张，但看到周围那些平静坦然的泰国人，神经也就松弛了。在很近的距离看大象的脸，我发现，象的表情非常平静。那对眼睛相对它的大脑袋，显得极小，但目光却晶莹而温和。和这样的目光相对，你紧张的心情很自然地会松弛下来。

据说象是一种通人性的动物。在泰国，大象用它们的行动证实了这种说法。在城市里看到的大象，多半是一些会表演节目的动物演员。在人的训练下，它们会踢球，会倒立，会骑车，会用可笑的姿态行礼谢幕。最有意思的是大象为人做按摩。成排的人躺在地上，大象慢慢地从人丛里走过去，它们小心翼翼地在人与人之间寻找着落脚点，每经过一个人，都会伸出粗壮的脚，在他们的身上轻轻

> 大象性情温顺，目光温和，是人类的好朋友。

地抚弄一番，有时也会用鼻子给人按摩。一次，我看到一头象用鼻子把一位女士的皮鞋脱下来，然后卷着皮鞋悠然而去，把那躺在地上的女士急得哇哇乱叫。脱皮鞋的大象一点也不理会女士的喊叫，用鼻子挥舞着皮鞋，绕着围观的人群转了一圈，才不慌不忙地回到那女士身边，把皮鞋还给了她。那女士又惊又尴尬，只见大象面对着她，行了一个屈膝礼，好像是在道歉。<u>那庞大的身躯，屈膝点头时竟然优雅得像一个彬彬有礼的绅士。</u>

最使我难以忘怀的，是看大象跳舞。那是在芭堤雅的东巴乐园，一群大象为人们作表演。表演的尾声，也是最高潮。在欢乐的音乐声中，象群翩翩起舞，观众都拥到了宽阔的场地上，人群和象群混杂在一起舞之蹈之，热烈的气氛感染了在场的每一个人。舞蹈的大象，看起来没有一点笨重的感觉，它们随着音乐的节奏摇头晃脑，踮脚抬腿，前

> 大象通人性，非常聪明，它们总是那么友好地对待人类，像一位绅士。

后左右颠动着身子,长长的鼻子在空中挥舞。毫无疑问,它们和人一起陶醉在音乐中。这时,它们的表情仿佛也是快乐的,我想,如果大象会笑,此刻的表情便是它们的笑颜。

看着这群和人类一起舞蹈的大象,我突然想起了多年前听说过的一个关于象的故事。这故事发生在俄罗斯的一个动物园。一天,一头聪明的大象突然对饲养员开口说话,饲养员不相信自己的耳朵,然而大象竟清晰地用低沉的声音喊出了他的名字……<u>当时看到这报道时,我认为这是无稽之谈。此刻,面对着这些面带微笑,和人群一起忘情舞蹈的大象,我突然相信,那故事也许是真的。</u>

离开泰国前,到一家皮革商店购买纪念品,售货员拿出一只橘黄色的皮包,很热情地介绍说:"这是象皮包,别的地方买不到的!"我摸了摸经过鞣制而变得柔软光滑的大象皮,手指竟像触电一般。在这瞬间,我

> 大象与人一起在音乐中舞蹈的画面,是和谐而美好的。

眼前出现的是大象温和晶莹的目光，还有它们在欢乐的音乐中摇头晃脑跳舞的模样……

人啊人，如果我是大象，对你们，我还有什么话可说！

如此友善温顺的大象也难逃人类的屠杀，为了利益，人类究竟对动物都做了什么？"没有买卖，就没有杀害！"人呀，请善待动物们吧，它们一样是有性灵的生命，是鲜活的生命，一样应受到敬畏。

邂逅富士山

富士山实在太有名，在世界各地都能见到以富士山为标志的日本广告。譬如日本航空公司的一个广告，就是新干线和富士山。富士山下一片粉色的樱花，柔和的山峰被碧蓝的天空映衬着，很典型的日本风光和情调。然而以我的审美情趣，并不认为富士山是山峰中最美最有魅力的，它不峻峭，也少几分巍峨，而且过于规则，过于对称，像是人造的山峰，缺乏神秘感。

富士山是日本的象征，到日本后，到处可以看见以富士山为标志的事物。日本的女人甚至穿着印有富士山的和服在街上走。听说从上海飞东京时，飞机进入日本本土上空，能看到富士山。然而飞入日本时，我并没有

富士山像是裹了一层面纱，不愿轻易露出它的容颜，更让人觉得神秘。

看见富士山。

坐新干线从东京到京都，途中能远眺富士山。陪同我们的宇野先生知道我想看富士山，特意坐在我身边，他说："到了能见富士山的地方，我告诉你。"然而列车经过富士山时，地平线却被一片白雾笼罩，富士山深藏不露，隐匿在云里雾里。宇野望着车窗外，瞪大了眼睛，希望富士山能突然在云雾中突现，好让我看见。我知道他的一片好意，便安慰他："不着急，回东京的时候再看吧。"

从京都回东京时，还是没有看到富士山。那是一个阴天，看不见天边的远山。富士山离新干线距离很远，晴天也只能看一个模糊的轮廓，遇到阴天，就难窥真容了。

两次坐新干线，都没有看见富士山。为了这点遗憾，宇野先生不止一次向我表示歉意，似乎天气不好是他的责任。我对宇野说，这是留下一个悬念，留待我下次来日本时再解开这个悬念吧。

> 一次又一次无缘见到富士山的真容，不免让人心生遗憾。

回国时，飞机上午从东京成田机场起飞。宇野先生还是没有忘记提醒我："今天天气不错，在飞机上说不定能看到富士山。"我想，世上的任何事情，都讲一个缘，富士山大概和我无缘。既然三次应该见它的机会都错失了，回国途中，我恐怕也未必能见到它。

<u>飞机起飞后，我便不再去想富士山。到空中后不久，飞机不知为什么作了一个角度较小的拐弯。</u>拐弯时，机身倾斜了，我的座位，正好在向下倾斜那一面。机窗下面，是绿色的大地。突然，我的眼前闪过一道白光，一个巨大的圆锥滑入我的眼帘——是富士山！

这座被人称为地球上最规则的圆锥体的火山，此刻静静地展现在我的视野中。也许是为了弥补我久觅不得的遗憾，富士山竟给我这样一个突如其来惊喜，让我在空中尽情俯瞰它面对天空的容颜，这样的容颜，在地上永远也无法看见。富士山是地球上最圆的火山，是一个极规则的圆锥体。从空中俯瞰，

飞机上，"我"终于邂逅富士山，它尽展容颜，让"我"看得一清二楚。给了"我"一份大大的惊喜。

能很清晰地看到圆形的山体。如此一座庞然巨峰，绝非人力所为，竟会有这样浑圆规则的外形，使人在惊奇的同时，也感觉到一种神秘。这样的山，远观和近看是完全不一样的。我眼前闪过的白光，是富士山山顶的积雪。山下和山坡上，正是一片青翠的春色，山顶却留存着寒冬的余韵。凹陷的山顶上，白色的积雪反射着阳光，森然而耀眼。仔细辨认，还能看到细如发丝的上山之路，攀登者正在这路上一步步往上攀登，去接近天空，接近冰雪，去满足登临绝顶的欲望……

只是一个瞬间，富士山已经在机窗里消失，取而代之是深邃无穷的天空。

<u>虽然只是稍纵即逝的偶然邂逅，而且是在天地之间，富士山却将它的容貌留在了我的记忆里。</u>

富士山出现后，又转瞬消失在"我"的视线中，而这难得一见的相遇，让"我"更难忘，更珍惜，这道美好的风景永存记忆。

异乡的天籁

夜晚，在离开上海数万里外的南太平洋之岸。半个残缺的月亮从海面上静静升起。天空是深蓝色的，而天空下面的海水，是墨一般的漆黑，星光和月色洒落在海面上，泛起星星点点的晶莹。远方有一条白色的细线，在黑黢黢的水天之间扭动，这是海上卷起的潮峰，它们集聚了大自然神秘的力量，正缓缓地向岸边涌来。风中，传来隐隐的涛声。一只白色的鸥鸟从我身边飞过，像一道闪电，倏忽消失在黑暗之中。

<u>这是澳大利亚维多利亚州一个名叫凯尔斯的海边小镇。</u>这个小镇，离繁华的墨尔本二百多公里，在地图上未必能找到，镇上只有几家小店和旅馆闪着灯火。离开小镇，穿

作者描绘出一派幽静深邃又神秘的海边景象。在这样的环境里，人是善于产生联想的。

越一片草坪就是海滩。我一个人站在海滩上，站在星空下，站在望不到边际的夜色里，沉浸于奇妙的遐想。和我一起伫立于海边的，是一棵古老的柏树。斑驳的树皮，曲折的枝干，树冠犹如怒发冲冠，月光把古柏巨大的阴影投在海滩上，如同印象派画家异想天开的巨幅作品。这样的古柏，在中国大多生长在深山古庙，想不到在异域海岸上也能遇到这样一棵古树，这是奇妙的遭遇。树荫中传出不知名的夜鸟的鸣啼，低回婉转，带着几分凄凉。

古树，残月，孤鸦，星光荡漾的海，这样的景象，神秘而陌生，却似曾相识。它们使我联想起唐诗宋词中的一些情境，但又不雷同。这是我以前从未看到过的风景。我就着月光看腕上的手表，是夜里九点，此时，中国是傍晚七点，在我的故乡上海，正是华灯初上的时刻，淮海路上涌动着彩色人流，南京路上回荡着喧闹人声，灯光勾勒出外滩和浦东高楼起伏的轮廓……而这里，完全是另外一种景象。久居都市,<u>被人间的繁华和热闹包围着,很多人已经失去了抬头看看星空的欲望,也忘记了天籁究竟是怎么一回事。</u>此刻,大自然正沉着地向我展示着她本来的面目。

能够沉醉在大自然幽邃阔大的怀抱中,是一种幸运。在天地之间,在浩瀚的海边,我只是一粒微尘,只是这个小镇、这片海滩上的匆匆过客。然而这样的夜晚,这样的情境,却会烙进我的记忆。

在澳洲,很多天然的景象使我陶醉,也使我心灵受到震撼。旅行途中一些不经意间看到的景色,让人难以忘怀。一位澳洲作家曾经这样提醒我:"在澳洲,请你多留意这里的海洋。"在飞机上,我曾经观察过澳洲的海岸线,这里有世界上最曲折逶迤的海岸,海岸边有平缓的沙滩,也有峻峭的岩壁。在阳光下,金黄的沙滩映衬着蓝得发黑的海水,海滩的金黄是天底下最辉煌的颜色,而海水

> 被囚在钢筋水泥中的城市人,已经习惯了被繁华与热闹包围,很多人竟然失去了观赏大自然美景的兴趣,变得刻板而麻木。远离大自然的人们,请记住,大自然才是人类真正的家。

的蓝色则是世界上最深沉的颜色，这样鲜明强烈的对比，在任何一个画家的笔下都没有出现过。我也一次又一次走到海边，看海浪在礁石上飞溅起漫天雪浪，听涛声在天地间轰鸣，面对着激情四溢的海洋，我却感受到一种无法言传的宁静。也有平静的海湾，海水平静得像一块蓝色水晶，白色的游艇在海面滑动，悠然如天上的白云。凝望着平静的海洋，我却想起了风暴中的海，想起了我曾经在文学作品中读到过的最汹涌激荡的海。海的运动，遵循的是自然永恒的法则，没有人能改变它。这是地球上最神秘的力量。在悉尼的邦迪海滩，我看到了海洋永无休止的运动。不管气候晴朗还是阴晦，不管是有风还是无风，在这片海滩上永远能看到滔天巨浪，潮头如崩溃的雪山，成群结队呼啸而来，前面的刚刚在海滩上溃散，后面的又轰然而起。冲浪者在潮峰上滑翔，展现着人的勇敢和灵巧。如果把大海的运动比作一部壮阔的

> 海洋的激情四溢，展现的是生命的激情与活力，是大自然真实而有魅力的声响，那是生命的律动与喧响，所以能给人以内心平静的感觉。

交响曲，人在其中的活动只是几个轻巧的音符。

　　在澳洲的海边旅行时，我也常常被突然出现在眼帘中的大树吸引。很多树我都无法叫出它们的名字，它们千姿百态地站在海边，眺望着波涛起伏的海洋，也向过路人展示着生命的魅力。这些大树的形状没有一棵是雷同的，也没有一棵是丑陋的，无论怎样生长，无论是粗壮的还是清瘦的，高大的还是低矮的，所有的树都显得生机勃勃，树上的每一根树枝都像自由的手臂在空中挥舞，在拥抱清新的阳光和海风。即便是那些枯死的老树，我依然能在虬结的树干和峥嵘的枝杈上感受到生命的力量，能从中想象它们当年的茂盛风华。澳洲的树木中，最常见的是桉树，它们有的独立在草原中，有的成片成林，白色的树干在绿叶中闪烁着光芒。在国内，我也看到过不少桉树，印象中它们都清清瘦瘦，像苗条的少女。而澳洲的桉树却完全不一样。

在离菲利浦湾不远的公路边,我见过一棵巨大的桉树,树干直径将近两米,四五个人无法将它合抱,树冠覆盖的土地超过一亩。几十个人站在这棵巨大的桉树下,只占据了树荫的一小部分。我曾经走进一片幽深的桉树林,因为树和树挨得太近,白色的树干互相缠绕着,密集的树叶遮住了天光,空气中弥漫着桉树叶的清香。在树上,能看到考拉,也就是树袋熊,<u>这是澳洲人最喜欢的动物。它们悠闲地坐在树杈上,不慌不忙地嚼着桉树叶,并不理会生人的来访。</u>

海边的牧场也是悦目的景观,草原的起伏形成了大地上最柔和的线条,而在草地上吃草的羊群和牛群,仿佛是静止不动地被贴在绿色屏幕上。如果海上有风吹过来,吃草的牛羊应该能听到浪涛拍击海岸的声音,应该能听到树林在风中的低语。但这些草原上的生灵,大概早已习惯了身边的那种安宁,它们已经没有了奔跑的念头。只有野生的袋

> 在这里,看到的是人与自然和谐相处,大自然焕发着勃勃生机,生命在自由生长中彰显出强大的生命力,从容,悠然。

鼠,箭一般出没在灌木丛中。

  一天黄昏,我离开海边一个著名的景点,在暮色中坐车回墨尔本。公路穿越一片丘陵时,车窗外出现了我从未见过的奇妙景象:西方的地平线上,残阳颤动,晚霞如血,东方的天边,金黄的月亮正在上升。道路两边,是广袤无边的草原,羊群、牛群和马群仍站在那里吃草,它们沉静地伫立在自己的位置上,在夕阳和月光的照耀下,入定一般贴在墨绿色的草地上,天色的昏暗丝毫没有引起它们的不安。<u>这是一幅色彩深沉、意境优美的画,一幅世界上最平和幽静的油画。</u>

> 前文作者用细腻的文字为我们描绘出这幅画。沉浸在这优美宁静的画中,人会忘记一切烦恼与忧愁。而"我"又何尝不是画中的一处风景,自然地融入画中。

沉船威尼斯

从空中看威尼斯,她是蓝色大海中一条彩色的大鱼。威尼斯的形状确实像一条鱼,本岛是她的身体,环列四周的小岛组成了她的鳍和尾。这条鱼,在亚得里亚海中游了亿万年,繁华了千百年,成为人类文明史中的一颗明珠。

<u>在海上看威尼斯,她是从海面上升起的一片童话般的土地。</u>那些精美的楼房、城堡、教堂、桥以及那些在城边浮动的船,如同海市蜃楼,在海天间飘忽摇曳。人类的创造,还有什么能比这样的景象更让人产生奇思妙想呢?

踏上威尼斯的土地,我才真正了解了这座海上之城的美妙。

> 威尼斯充满了奇幻色彩,让人不禁赞叹它的神秘和奇特,这一切都令人神往。

沿着海边的大道走向圣马可广场，沿途风景目不暇接。沿海有各色各样的码头，两头高翘的"贡多拉"停泊在码头上，如一群古代黑衣舞者，在海边随阵阵浪波舞动，正以沉静优雅的姿态招徕游人。面海的石头房子，每一幢都有传奇故事。经过一家古老的旅馆，我看到门口墙上有铭刻文字的铜牌，仔细一读，原来莎士比亚曾在这里住过。也许，莎翁《威尼斯商人》创作的灵感和素材，就是来源于此。再走不远，经过一座石桥，桥头两侧都是出售当地纪念品的小摊，彩色的威尼斯面具、布娃娃、皮包、皮带，游客在小摊前和商贩们讨价还价，这分明就是《威尼斯商人》中的场景。<u>如果离开海滨选一条小巷进城，你会进入一个曲折的迷宫，街道两边那些彩色的店铺，让人眼花缭乱。</u>

踏上威尼斯这片土地，感受这里的繁华、古朴与厚重。

临海的圣马可广场，是威尼斯最有气派的地方。

很多年前，在彼得格勒的冬宫博物馆，

我看到过意大利画家卡纳尔的油画《威尼斯招待法国公使》。画面描绘的是18世纪威尼斯的一次外交盛事。法国公使乘船来到威尼斯，当地的主教、王公贵族、有名的绅士淑女，在港口的广场上列队欢迎，虽然只能远远地看到一大片人头涌动，但可以想见，那些达官贵人们是怎样应酬着寒暄着，讲着不着边际的客套话，那些华丽的袍服和长裙是怎样互相摩擦着发出窸窣之声。在面向海湾的那幢大楼里，也聚集着无数宾客，他们站在二楼的阳台上，兴致勃勃观望着广场上的人群。在盛装的人群中无法找到那位法国公使，但可以看到法国公使停泊在港湾里的巨大的船队。而站在路边桥头上看热闹的，是当地的平头百姓，那些灰暗驳杂的服饰，和广场中央那一大片鲜艳华贵的颜色形成鲜明对照。

两百多年过去，当年油画中的圣马可广场，和今天的广场没有大的区别，大教堂还在，钟楼还在，海边的立柱还在，那些精致繁复的回廊还在，教堂墙上的金碧辉煌的马赛克壁画，簇新如昔。只是物是人非，广场上走动的是现代的人群。广场的石头地面上，密密麻麻停满了鸽子，它们悠闲地在那里散步。以我所见，这里的鸽群，也许是这个星球上数量最多的鸽群。地上的鸽子们偶尔展翅飞起，空中便响彻一片"扑扑扑"的翅膀拍击声，周围的空气也随之振动。<u>这里的鸽子不怕人，你走过去，它们也不逃，还会飞落在你的肩头甚至头顶。</u>在鸽子们的记忆中，从世界各地来圣马可广场的人们，为的就是给它们喂食，和它们拍照。当年法国公使来访问时，大概没有这么多鸽子相迎吧。

在威尼斯，最有情趣的事情，是坐"贡多拉"在水巷穿行。一个长相儿英俊的威尼斯小伙子手持长篙站在船尾，长篙轻轻点动，"贡多拉"便在漾动的水面上开始滑行。狭窄的河道曲曲折折，随时都会通向神秘的所在。两岸的石头房子迎面压过来，岸畔人家

> 鸽子与人和睦相处，这是一副和谐美好的画面。动物与人的亲近，是以人善待它们为前提的。

的台阶浸在水中,阳台和窗台触手可碰。低头看水中,两岸楼房倒映在晃动的水面上,迷离一片,如印象派音乐的韵律。前面不时有小桥当头压过来,船上人啊呀一声惊叫,回头看时,那桥,那桥上的行人,桥畔的楼廊和街灯,<u>都自然奇妙如画中美景</u>。从水巷出来,穿过石桥,进入海域,天地豁然开朗。周围的岛屿上,耸立着形态各异的教堂和楼房,像是一群沉默的卫士,在四面八方守卫着威尼斯。

威尼斯是欧洲人创造的奇迹。千百年的经营,把这个海岛建成一个绚烂多姿的海上世界。大海造就了威尼斯,很显然,大海最终也会终结威尼斯。我看到的威尼斯,是一个被海水浸泡的城市,是一个逐渐被淹没的城市。我永远无法忘记一年前重访威尼斯时见到的景象:那天,海水漫过城市的地基,圣马可广场成了一片汪洋。广场四周的商铺浸没在水中,人们只能在临时搭起的栈桥上

> 威尼斯的河、房子、小桥、行人、街灯,构成一副错落有致、浓淡相宜的画面。作者寥寥几笔,就抓住其神韵,刻画得惟妙惟肖。

行走。鸽子们失去了栖息之地,在空中惶惶不安地盘旋……

告别威尼斯时,在船上回望那逐渐隐没在水天波光中的古城,突然生出一个念头:威尼斯,像一艘正在沉没的奢华古船……

> 这一切美景,古城的繁华终被大海淹没。对此,只有无奈地叹惋,面对无法抗拒的大自然之伟力,人又能挽回什么呢?

寻找大卫

到佛罗伦萨，最想看一看的，就是米开朗琪罗的大卫雕像。

> 开门见山，点出心中对负有盛名的大卫雕像的喜爱和向往。

早晨，我们的汽车开进佛罗伦萨，意大利的司机大声说："先去米开朗琪罗广场吧，那里有大卫像。"

是米开朗琪罗的大卫？我问。

当然！司机回答。

广场是在一个山坡上，米开朗琪罗的大卫雕像高高耸立在广场中央，逆光仰望过去，是一个黑色的剪影，仿佛那个远古英雄顶天立地直耸云霄。

仔细看，那是一尊青铜雕像。米开朗琪罗的原作，应该是白色大理石，这是个仿制品。不过，这青铜的大卫形态和原作一模一样，健美的身躯，线条鲜明的肌肉，还有那目光炯炯的表情。

中国人熟悉大卫，是因为米开朗琪罗的那尊大理石雕像。因为有了米开朗琪罗的雕塑，大卫在人们的心目中已经有了一个固定的形象。我相信，在全世界知道大卫的人的心目中，英雄大卫就是这尊雕像的样子。不过，传说中那个打败了巨人歌利亚的英雄大卫，还是一个孩子，米开朗琪罗创造的大卫却已长大成人。米开朗琪罗塑造的大卫，是在向歌利亚投掷石弹的那一刹那，大卫的目光中凝集着坚毅、智慧和勇敢。也许，米开朗琪罗认为让一个孩子战胜巨人，太夸张，所以让他的大卫长大了几岁。现在，米开朗琪罗这尊雕塑，已经成为举世公认的大卫形象。

在米开朗琪罗广场能俯瞰佛罗伦萨城，阿诺河从山脚下流过，古老的城市就在河对岸，圣母百花大教堂和维其奥宫的彩色屋顶在阳光下闪烁。<u>佛罗伦萨，欧洲文艺复兴的</u>

这是一方孕育艺术的神奇土地，这里古老的文明，是艺术家成长的摇篮，不禁让人肃然起敬。

发祥地，曾经哺育过一批开创历史的艺术大师：但丁、薄伽丘、达·芬奇、拉斐尔……米开朗琪罗，是其中一个响亮的名字。

离开米开朗琪罗广场，走过阿诺河上的老桥，走不多远就是市政厅广场。这是一个可以让所有第一次来到这里的人目瞪口呆的地方。广场中，到处是名声显赫的雕塑：切利尼的《帕尔修斯》、巴托洛米奥·阿曼纳蒂的《海神喷泉》、章博洛尼亚的《海克力斯与半人马》……最引人注目的，是米开朗琪罗的大卫像，那是一尊五米多高的白色大理石雕像。我想，这应该是米开朗琪罗的原作了！当年，米开朗琪罗的大卫就是在这个广场揭开了神秘的面纱，让整个佛罗伦萨为之震惊。无数次在图片中看这尊雕像，此刻，面对着这尊巨大的大理石雕像，看那些刚劲柔和的线条和块面构成的形体和表情，还是有一种惊奇和震撼。在晨光中，大卫的凝视远方的目光显得咄咄逼人。

就在我站在大卫雕像前惊叹时，陪同前来的意大利友人笑着告诉我："这也是复制品。米开朗琪罗的原作，在美术学院博物馆。"

又是赝品！广场上这尊大卫像，在我这个外来者眼里，就是米开朗琪罗的作品，同样的尺寸，同样的大理石，惟妙惟肖的临摹，谁能辨其真伪？佛罗伦萨人也认为这尊模仿的大卫和原作差别不大，可以乱真。当年为了避免被日光和风雨侵蚀，决定将大卫的原作移到室内的博物馆，但是，市政厅广场上不能没有大卫，佛罗伦萨人不同意，于是才有了我眼前的这尊仿制品。

市政广场一侧，有藏品浩瀚的乌菲奇美术馆，无数欧洲文艺复兴时期的油画名作在那里陈列。参观美术馆，只能走马观花。从乌菲奇美术馆出来，便直奔美术学院博物馆，我心里依然牵记着米开朗琪罗的大卫。美术学院博物馆在一条小巷深处，门面不大，走进去顿觉豁然开朗。这是一个雕塑的宝库，放眼望去，但见无数白色大理石雕塑，正千姿百态地站立在展厅中，虽然沉默无声，却让观者全身心都感受到一种震惊。这些雕塑，都是人类艺术的瑰宝，这么集中地陈列在一起，让人看得喘不过气来。见到大卫雕像原作前，先看到一组米开朗琪罗的雕像原作，都是未完成的作品，一块块巨大的白色大理石上，已凸现出人物轮廓，扭曲的肢体，凹凸的肌肉，悲伤的表情，<u>这些人物仿佛正在竭力想从沉睡中挣脱出来，却被永远封锁在冰冷的大理石中。</u>

真正的大卫，静静地伫立在博物馆深处，居高临下，俯瞰着每一个走近他的人。这形象，太熟悉了，我无法计算过自己曾看到过多少这个形象，大的、小的、石头的、木头的、石膏的、塑料的、素描、油画、照片……此刻，面对米开朗琪罗的大卫真迹，我想在大卫身上寻找米开朗琪罗创造的痕迹，想象他当年挥舞斧凿的形象，眼前却只有一片耀

> 这些未完成的作品也都散发着艺术的活力，他们鲜活似流淌着生命的血液，却永远留下遗憾。

眼的白色，如日光闪烁，白云升腾，冰雪飞溅……我感觉心跳加快，视线晕眩，热血直冲脑门，这样的感觉，文字难以描述。这也许就是被称为"司汤达症候群"的感觉吧。当年，司汤达来到佛罗伦萨，在参观了无数艺术瑰宝之后，曾这样描述自己的感受："我痴迷地凝视绝美的艺术，感受洋溢的热情……情绪攀升到九天云霄……<u>生命似乎从身体里被掏空，我一边走着，一边害怕自己会摔倒。</u>"

从博物馆出来，我在一条石头铺成的小街上慢慢走着，让参观大卫引起的激动慢慢平复。街边小摊上，有一个年轻人在兜售艺术品，一张彩色的图片晃到我的面前，竟然是大卫像！我赶紧往前走去，唯恐心中的美妙记忆会被改变。前方，被晚霞笼罩的佛罗伦萨神秘如画……

> 这些艺术珍品的美感给人带来强烈的视觉与心灵冲击，令人震撼。艺术之美，具有如此强大的力量。

但丁的目光

暮色降临，那些曲折的街道和小巷顿时更显得幽深。眼看天光一点点变得幽暗，站在街口，只见那些古老楼房迎面压下来，遮住了窥探的视线。黄色的路灯突然亮了，石头的路面上光影闪动，似乎随时都会有奇景出现。黄昏的佛罗伦萨，在一个外来者的眼里，显得无比神秘。

走过一条狭窄的小路时，陪我的意大利朋友轻声说："但丁，他在这里住过。"顺着他手指的方向望去，是一座很普通的临街小楼，看上去已经歪歪斜斜，<u>门口挂着一盏方形风灯，灯不亮，闪烁着昏黄的光芒</u>。给人的感觉，这光芒也是古老的，五百年岁月，都浓缩在这幽暗的灯光中。当年，这该是一

> 这一段的景物描写，着力渲染出一种令人压抑的气氛，为下文写但丁凄凉的遭遇奠定了感情基调。

盏油灯，在风中飘摇，但丁踏着夜色回家时，看见的也是差不多的景象吧。

我走到小楼门前，门关着，无法进去。古老的山墙上，有但丁的青铜雕像。诗人眉峰紧锁，目光忧郁而深邃，越过我头顶，凝望着远方。我想象那小楼中，有窄而陡的楼梯，在黑暗中上升，通向一间书房，书房不会很大，但却能容纳下整个宇宙。诗人的幻想和思索在这里上天入地，寻哲人，会鬼神……写出《神曲》的伟大诗人，竟住在如此普通的屋舍中，这有点儿出乎我的意料。大诗人贫穷，中外古今，大抵如此。但丁贫穷，不会影响《神曲》的伟大。我仿佛看见那昏暗的灯光中闪动着一行字：贫穷而伟大的诗人！

走在古老的石头街道上，很自然地产生这样的念头：这就是但丁当年走过的路，一条普通的小路，走出非凡的人生。他在这里邂逅初恋的姑娘贝娅特丽齐，也从这里走上被放逐的路。1300年，但丁三十五岁，那一年，他遭到权贵的迫害，被当政者宣布终身流放，永远不准返回佛罗伦萨。<u>这样的遭遇，对一般人也许是沉沦和毁灭，然而对但丁，这却是一个伟大的开端。</u>

但丁从此开始流亡生活。他说："人不能像走兽那样活着，应该追求知识和美德。"离开佛罗伦萨，他旅行，观察，思考，游遍了意大利，认识了社会各阶层的人物。他每天都在思考生命的意义，思考国家的命运和人类的前途。他没有想到，告别故乡，就成了永远的游子，在他活着的时候，竟然再没有机会重返佛罗伦萨。晚年的但丁，定居于古城拉韦纳，将一生的经历和思考，倾注于《神曲》的创作。一个游子，客居他乡，心含着愁苦，也怀着憧憬，用鹅毛笔写出一行行奇妙的诗句。《神曲》长达一万四千余行，但丁在诗中梦游地狱、炼狱历经千难万险，最后抵达天堂。其惊人的想象力和深邃的思想，前无古人。但丁说过，他写《神曲》的目的是"要

他从此可以开始自由地追求知识和美德，从此可以开始旅行、观察、思考，游历意大利，认识社会各阶层的人物，为他将一生的经历和思考倾注于《神曲》的创作做了充分的准备。

使生活在这一世界的人们摆脱悲惨的遭遇，把他们引到幸福的境地"，他是为爱和理想而创作。我记得《神曲·天堂篇》的结语：

> 只是一阵闪光掠过我的心灵，
> 我心中的意志就得到了实现。
> 要达到那崇高的幻想，我力不胜任；
> 但是我的欲望和意志已像
> 均匀地转动的轮子般被爱推动——
> 爱也推动那太阳和其他的星辰。

他的《神曲》，是欧洲文艺复兴的先声，也使他成为人类历史上最伟大的诗人之一。他被人称为"中世纪的最后一位诗人，同时又是新时代最初的一位诗人"。

在但丁流放期间，佛罗伦萨当局感觉将这位大诗人拒之门外很不得人心，便宣告，只要但丁公开承认错误，宣誓忏悔，就可让他回乡。然而但丁认为自己没有错，断然拒绝。

但丁取得非凡的成就是因为他思想深邃，追求知识和美德，为爱和理想而创作。

1321年，但丁在威尼斯染上疟疾，返回拉韦纳不久便离开人世。他的遗体被拉韦纳人安葬在市中心圣弗兰切斯科教堂广场上。佛罗伦萨市政当局提出把但丁的遗体迁回故乡，遭到拉韦纳人的拒绝。也许是为了表达故乡对这位伟大诗人的歉意，佛罗伦萨当局委托拉韦纳人在但丁墓前设一盏长明灯，灯油则由佛罗伦萨永久提供。1829年，佛罗伦萨在圣十字教堂为但丁立了墓碑和雕像，同时把教堂前的广场命名为但丁广场。这时，离但丁辞世已经过了五百多年。

我来到但丁广场时，天已经落黑，下起了小雨。空旷的广场上不见人影，圣十字教堂在雨中，远远看去，像一个白衣巨人，孤独地站在微雨迷蒙的夜色里。教堂已经关门，我只能站在门口沉思默想。在这座教堂里，埋葬着佛罗伦萨历代的主教和显赫的权贵。但丁的墓碑，在教堂的入口处，只是一块普通的石碑，上面刻着诗人的姓名和生卒年月。

然而，到这里的人们，大多只为但丁而来，为他的《神曲》而来。这应了李白诗句的意境："屈平辞赋悬日月，楚王台榭空山丘。"

教堂大门的左侧，有一尊高大的大理石雕像，是但丁的立像。台基上，刻着诗人的姓名，台基的两边，是两头大理石狮子，威严地护卫在主人的脚下。但丁穿着宽大的长袍，伫立在精致的台基上，诗人的目光，一如他故居前那尊铜像，忧郁而深邃，俯视着夜色迷茫的大地。

> 引用李白的诗是为了告诉读者，但丁虽出身卑微，但写成《神曲》，给人类留下宝贵的精神财富，流芳百世，表达了作者对但丁的赞美与敬仰。
>
> 但丁的目光忧郁是因为他对世界人民没有摆脱悲惨的遭遇，心寒愁苦；但丁因思考生命的意义、国家的命运和人类的前途而流露出的精神、气质。

庞贝晨昏

离开苏莲托，汽车沿地中海开了几个小时，目标，是一个神秘之地——两千年前突然消失的古城庞贝。浩瀚的海和晴朗的天相连，一片令人心醉的蓝色。蓝色的海，在夕阳映照下，更是蓝得深沉莫测，如一块巨大的墨色水晶，在碧空下漾动。

庞贝的故事，我童年时代就在书中读到过。公元 79 年 8 月 24 日，维苏威火山突然爆发，坐落在火山脚下的古城庞贝，被火山熔岩吞没，从人间消失。很多年后，人们才发现这座已经被埋在地下的城市，遥远古代发生的悲惨景象，被定格在火山的熔岩中，他们临死前的挣扎，他们痛苦恐惧的表情，重现在现代人的面前。在我儿时的记忆中，

电闪雷鸣，地动山摇，房屋倒塌，火光中天。我们仿佛听到了人们哀嚎，骏马嘶鸣，在这即将毁灭的城市上空回旋着。

在巨大的天灾面前，人类显得渺小而无助，突如其来的火山爆发，让庞贝人的生命面临着威胁，死神向他们靠近，在与死神搏斗中，他们恐惧又痛苦。

这个历史事件是最不可思议的事情,而庞贝,也成为我印象中神秘的地方。儿时就曾经梦想,如果有机会出国,一定要去看看庞贝。

此刻,庞贝在望。从苏莲托赶到庞贝,时近黄昏,通向庞贝古城的大门已经关闭。举目远眺,青灰色的维苏威火山默立在天边,山顶缠绕着白色的云烟,燃烧的晚霞渐渐将山影和天空融为一体……

当年维苏威火山爆发时,一艘正在海上航行的帆船看到了火山喷发火光和烟柱,庞贝城成为山坡上的一个巨大火炬。船上的水手们想赶来救援,帆船却被从空中落下的岩浆击中,船毁人亡,勇敢的水手们成为庞贝的殉葬者。此刻,神秘的庞贝古城仿佛沉思在夕照中,静静地面对着我这个万里之外前来探询的东方来客。

第二天清晨,从那不勒斯出发,早早赶到庞贝,古城博物馆刚刚开门。我成为这天第一批走进庞贝中的人。

古老的街道沐浴在朝晖中,路面的一块块石头,如光滑的古镜反射着日光,让人感觉目眩。这光滑的石头路,被无数人的脚磨得光滑发亮。摩擦过这路面的脚,究竟是两千年前的古罗马人,还是这数百年来的近代和现代人呢?谁也无法分辨这路上的人迹了,古人今人的脚印,早已融为一体。笔直的大道印证着当年庞贝的恢宏气派,可以想象贵族的骑兵和车队曾如何在路上经过,还有那些负重而行的奴隶……古城中到处可见废墟,巨大的竞技场、浴场,贵族的庭院,工人的作坊。庞贝的繁华和奢侈,从废墟的残垣柱桩中依然能够窥见。贵族庭院中的彩色马赛克,今天看来仍鲜艳如新,浴场的豪华和排场,令今人咋舌。还有规模不小的妓院,墙上的壁画上描绘着当年庞贝人的淫乐之态。难怪有人说,庞贝的毁灭,是因为享乐过度,所以上帝才点燃了惩罚之火。

不过,惩罚之火的说法,无论如何难以

成立。火山喷发时，庞贝的所有居民，无论尊贵卑贱，无论富贵贫穷，都遭到了惩罚，大多数人并没有因为生前未曾放纵享乐而幸免。对两千年前的庞贝人来说，<u>这次突然的火山爆发，无异于世界末日，在爆炸声和火焰光中，他们看见了世界和生命被毁灭的景象，一切都在火光中灰飞烟灭……</u>

在一间大作坊中，我看见了那些被火山熔岩定格的死者。这些古代死者，并不是木乃伊，也不是人工的雕塑。考古学家们在凝固的火山灰中发现这些尸体的空壳，便用石膏使之复原，一批垂死者的真实雕塑，便重现在世人面前，现代人可以由此想见庞贝毁灭时发生的故事。这些石膏人模展现的，是庞贝人临死前的状态，让人心灵震撼：人们在奔跑逃命，在呼号痛哭，在突然来临的死神面前惊恐万状。有人两手抱头，蜷曲成团；有人以手掩面，靠墙跪蹲；有人躺在地上，扭曲变形……<u>一个母亲，将婴儿紧紧环抱在</u>

突发的灭顶之灾使庞贝的生命悠然终止，它在被毁灭的那一刻也同时被永远地凝固了。这一刻，古罗与帝国最繁荣的城市庞贝因维苏威火山爆发而在18小时后消失。

在生命的最后时刻，人与人，人与动物，在巨大的灾难和死亡来临时表现出的真情与最无私的爱，让人动容。这是生命灵性之光在闪现，无比震撼。

胸前，用自己的头、身体和四肢遮挡着火焰和岩浆，人间伟大的母爱，被凝固在这里；一对情侣，紧紧拥抱着合二为一，在夺命烈焰中，爱情成为永恒；一只大狗，扑在一个孩子身上，试图在为他遮挡住从天而降的火山灰，孩子则伏在大狗的身下，一只手紧搂着狗的脖子，人和狗相拥而亡的景象，悲惨而感人。世间的生命，就这样相亲相爱，生死依存……

如果世界真是由上帝创造，那么，这位上帝创造的最伟大的东西，不是世间万物，不是宇宙，而是生命之爱。庞贝人在生命被毁灭时的表现，印证了这样的爱。

庞贝作为一座繁华的城市，再也没有恢复。然而世界并没有因为庞贝的消失而毁灭，人类依然在大地上生活繁衍。在庞贝的废墟上，鸟还在天上飞翔，牛羊还在山坡上吃草，花树还在土地中萌芽抽叶。而庞贝人在面对死神时的种种动作和神态，成为人类之爱的

永恒表情，悲惨而神圣，<u>让每一个参观者心颤，也让人思索生命的意义。</u>

我站在庞贝的中心向远处眺望，维苏威火山呈一种神秘的青灰色，起伏在碧蓝的天空下，沉默地俯瞰着被它毁灭的城市。当年喷吐过死亡之火的山峰，也许会一直沉默下去，成为天地间永恒的谜语。

> 灾难往往让我们重新审视生命的意义和价值。生命短暂吗？你活得有意义吗？你还记得自己最初的梦想吗？我们是否更懂得珍惜生命、珍爱生活、珍惜拥有？

在柏林散步

早晨醒得早,起身出门散步。沿着宾馆对面的花园无目的地行走。花园尽头,是一个十字路口,见一片被围起来的废墟,荒草丛生,似乎有点儿煞风景。回宾馆后听人介绍,才知这片废墟当年就是纳粹党卫军冲锋队总部,纳粹的头领带着他们的随从常常在这里进出。对生活在柏林的犹太人来说,这就是地狱之门。盟军和苏联红军攻打柏林时,这里当然是主要的轰炸目标,炸弹将这一片楼房夷为平地。二战结束后,被摧毁的柏林很快开始重建,德国人在废墟上重新建造起一座新的柏林,但纳粹冲锋队遗址却一直被废弃着。我想,这是一种姿态,也是一种警示。

这样疯狂地镇压人民的武装机构，不应该再恢复。这片废墟触目惊心地横陈在闹市中，也可以提醒人们这里曾发生过什么，提醒人们德国在二战中曾犯下的深重罪孽，提醒人们再不要重蹈覆辙。我很自然地想起二战后德国总理勃兰特访问波兰时的一幕，在被纳粹杀害的犹太人纪念碑前，他含着眼泪下跪。全世界都记住了德国总理的这个情不自禁的动作。一个敢于直面历史，勇于反思，汲取教训的民族，是可以获得谅解并赢得尊敬的。同样在20世纪对人类犯下战争罪孽的日本，很多政客对历史的看法便大不一样。在日本，这样的姿态和提醒，似乎少见。

上午继续在城中漫步。离我们的宾馆不远，就是当年的柏林墙。隔离东西方的高墙早已倒塌，但遗迹还在。当年围墙的唯一通道，是一个壁垒森严的检查站，两面都有全副武装的军人把守。检查站的岗楼还在，楼

保留着纪念二战的遗迹，以教育、警醒同人，牢记纳粹的罪恶、冷战的残酷，永远不让黑暗的历史重现。

只有敢于直面历史，正视自我的民族，才是一个拥有尊严、值得被尊重的民族。历史无法回避，对人民犯下的滔天罪行也无法粉饰，德国政府敢于直面历史，沉痛反思，意义悠远。

日本在这方面却总是遮遮掩掩，逃避罪行。回忆历史总是痛苦的，但是必要的。

边竖立着一块高大的广告牌。我们从东柏林一侧看,广告牌上是一个苏联军人的大照片;如从西柏林一侧看,则是一个美国军人的大照片,照片上的军人表情肃穆,目光中含着几分忧郁。那目光给人的联想是复杂的,<u>它们折射出一段漫长的不堪回首的历史,它们与人为的分隔和敌对连在一起,与无谓的流血和牺牲连在一起。</u>柏林墙被推倒已经十多年了,在柏林城里,那道围墙的痕迹依然清晰地被留在地上,每个自由经过这里的人都可以看到地上那道用石头铺出的墙基。我们的汽车在当年的检查站旁边停下来,我发现,那里有一家商店,店门外的墙壁上,镶嵌着一块块柏林墙的残片。<u>残片上是彩色的绘画局部,依稀可辨流泪的眼睛,扭曲的肢体,让人产生沉重的联想。</u>

离柏林墙检查站不远,便是当年纳粹的党卫军总部,那是一幢古希腊式的石头大厦,

> 侵略战争带来无谓的流血和牺牲,这是愤怒的控诉。

> 必须让人理解什么是罪恶的战争,这样才能让后人不再遭遇战争带来的毁灭与苦难。多少无辜的生命在流血,多少家庭支离破碎,这些怎能忘记?怎能不令人心情沉重!

竟然没有被盟军的炸弹轰塌。大厦门口，有两尊石头雕像，雕的是谁已经无法辨认。当年的炮弹炸飞了雕像的上半身，我能见到的只是两个黑色的不规则残体。应该承认，这是一幢颇有气派的建筑，如果不是党卫军用来当总部，它应该也是柏林引以为自豪的建筑，然而它却成了凶暴残忍的象征！当然，建筑无辜，是入住此地的纳粹党徒们有罪。很显然，这也是没有被修复的一栋建筑，其用意，大概和我们宾馆对面的那片废墟是一样的吧。被岁月熏成黑黄色的墙面上，能看到累累弹痕，惊心动魄的历史，静静地凝固在这些沉默的弹痕里。

在纳粹党卫军总部对面，是古老的普鲁士议会大厦。这座大厦当年也曾毁于轰炸，但战后又修复如初。早就听说德国人修复被毁建筑的功夫惊人，在柏林，眼见为实了。普鲁士议会大厦前，有一座高大的青铜坐像，那人物，眉眼间颇觉熟悉，仔细一看，竟是歌德。青铜的歌德在这里大概也坐了一百多年了，街对面那座大厦里发生的事情，都曾活动在他的视野中。崇尚自由讴歌人性的歌德，目睹自己的国度发生如此荒唐野蛮的故事，该作何感想呢？

看到了著名的勃兰登堡门。当年，它属于东柏林，由于它紧贴柏林墙，一般人难以走近它。在很多人心目中，它已经和柏林墙连成一体，也是咫尺天涯的隔绝象征。柏林墙的墙基，很触目地横过勃兰登堡门前面的大街，每一个穿过街道的人都会看到它，踩到它，越过它，此刻，它只是地上的一道痕迹了。勃兰登堡门前的广场上，有不少游览拍照的人。阳光下，门顶上那组青铜雕塑闪闪发亮。柏林墙被推倒的那一天，欢庆的德国年轻人爬到了门顶上，雕塑的马腿和人像的手足都被扭歪了，事后费了很大的工夫才将它们修复。穿过勃兰登堡门往东，就是当年的东柏林，正对勃兰登堡门的是著名的菩提树大街。我们眼帘中那些方正高大的建筑，基本上都是二战后建造的，1945年前的老柏林，已经旧迹难寻了。

不过，在柏林还是到处能看到旧时建筑，少数是残存的，大部分是重修的，如那幢堪称巍峨的国会大厦。当年希特勒利用那场扑朔迷离的国会大厦纵火案，清洗了德国共产党，国会大厦也因此名扬天下。在我的记忆中，与此有关的是苏联电影《攻克柏林》，在这座大厦中曾有过殊死搏杀。两个苏联红军战士将胜利之旗插上大厦圆形穹顶的镜头，令人难以忘怀。其实，这幢大厦当年也被战火严重损伤，那个巨大的绿色圆顶，几乎整个被炮火掀去。战后，大厦被修复，但那个圆顶，却只留下镂空的骨架。<u>这是战争的纪念，也可以让德国人睹物思史，反思那段耻辱的历</u>

> 德国从来没有忘记那段黑暗的历史，世界上没有第二个国家像德国那样敢于揭露自身罪行，敢于勇敢地反思，这种自我反省深刻、彻底，这是智者的智慧和胸怀。

史。在国会大厦前的草坪上散步时,发现很奇怪的现象,在这个宽阔的草坪上走动拍照的,竟然大多是中国人。如果不看周围的建筑,真让人误以为是回到了中国。

洪堡大学也在菩提树大街边。车经过时我走进校门看了一下。洪堡大学是世界著名的大学,许多了不起的文学家、哲学家和科学家曾就教或就读于此,其中有诗人海涅,哲学家黑格尔、费尔巴哈,科学家爱因斯坦,马克思和恩格斯也曾在这里读书。曾先后有三十多个诺贝尔奖金获得者在这里上学或任教。因为是星期天,静悄悄的校园里看不见人影。两棵高大的银杏树将金黄色的落叶撒了一地。落叶缤纷的草地上,有一尊大理石胸像,我不认识被雕者为谁,是一位沉思的老人。看了雕像上的文字,方知是诺贝尔文学奖获得者特奥多尔·蒙姆森(Theodor Mommsen),这是德国历史学家,曾在洪堡大学讲授古代史,也曾任该校校长。因为他的《罗马史》写得文采斐然,获得 1902 年的诺贝尔文学奖。<u>此刻,这位睿智的老人正独自沉思在他曾经工作过的校园里,凝视着遍地黄叶……</u>

> 文章以诺贝尔文学奖获奖得者德国历史学家特奥多尔的雕像沉思、凝视作为文章结尾,意味深长。敢于直面自己曾经丑恶的历史,敢于让历史的耻辱鞭挞自己的灵魂,从而净化自己的精神,能做到这一点的民族是一个成熟的民族,一个值得尊重的民族,一个有希望的民族!

莫扎特在这里出生

莫扎特在这里出生！萨尔茨堡人轻轻的一句话，让每一个来访的人肃然起敬。

这条街有一个朴实无华的名字：粮食街。莫扎特的出生地就在这条街上。粮食街完全保持着几个世纪前的模样：狭窄的街道，两边是石头的古老建筑，街面紧挨着形形色色的小店铺，彩色的店招和广告旗幡看得人眼花。街上来来往往的是来自世界各地的游客，到萨尔茨堡，不到这街上走走，不去拜谒一下莫扎特故居，那等于没有来过此地。

粮食街9号，一幢黄色的楼房，式样并没有什么特别之处。然而这幢楼房无疑是萨尔茨堡一个最重要的标志。有了这幢楼房，有了莫扎特，萨尔茨堡才成为全世界爱乐者

> 有粮食街9号楼房，才有了莫扎特，萨尔茨堡才成为全世界喜爱者心驰神往的圣地。来自世界各地的游客，大多因莫扎特而来。这座楼也因为莫扎特更加珍贵。

心驰神往的圣地。

　　走进楼门，踏上并不宽敞的石头楼梯，曲曲折折地到了三楼。这里就是当年莫扎特的家。以现在的眼光来看，这样的楼房似乎不是显贵的住宅，不过在莫扎特的时代，这大概是很富有的人家了。站在门口，可以看到宽敞的客厅，墙上挂着古老的油画，厅堂里摆着古老的钢琴。房屋中间有一个玻璃立柜，里面是一把小提琴，据说这是莫扎特童年时拉过的琴。站在这把小提琴前，凝视着琴把上磨损的指板，可以想象当年莫扎特在这里拉琴的情景：<u>一个清秀的男孩站在屋子中间，尽情挥洒琴弓，悠扬的琴声在屋子里回荡</u>。他也常常坐在钢琴前冥想，心中涌动着美妙的旋律，他随手在琴键上弹出这些旋律，琴声回旋跌宕，使所有听见这琴声的人都惊讶不已。莫扎特的第一钢琴协奏曲，就是在这间屋子里创作的，那年他才 6 岁。神童莫扎特的名声，当时已经传遍了奥地利，

作者以舒缓的笔调，穿越了时空，使莫扎特仿佛站在眼前，生动地描绘出音乐神童莫扎特的形象。

奥皇也常常把他请到宫廷中弹琴。当年，周围的人们都知道这里住着一个音乐神童，莫扎特的那扇窗户如果开着，经常会有人站在楼底下，听着从窗户里传出的钢琴和小提琴奏出的美妙乐章。住在粮食街上的人们真是有耳福。不过他们大概想不到，这个小小的音乐神童，以后会成为人类历史上最伟大的音乐家之一。他创造的音乐，会在地球的每个角落回旋，让说着不同语言的人们在他的音乐中感动、共鸣。而他们这个城市，也将因为诞生了这位小神童而名扬天下。

我站在这间普普通通的客厅里，想象着莫扎特可能在这里经历过的生活。客厅的长条木头地板凹凸不平，童年的莫扎特在这里留下了多少脚印。客厅四周的墙上，挂着不少当年的油画，画面上都是和这个家庭有关的人物。莫扎特的父亲和母亲，他的很多亲戚，都以沉静的目光注视着这个客厅，仿佛仍在默默回忆莫扎特在这里留下的身形和声音。

墙上也有几幅莫扎特的画像。一幅是莫扎特两三岁时的画像，画面上的莫扎特穿着简朴的衣衫，小脸显得清瘦，两只大眼睛里流露出淡淡的忧伤。一幅是莫扎特7岁时的画像，那时的莫扎特，比幼时胖得多，他身穿华丽的贵族服装，脸上带着和7岁年龄不相称的矜持的微笑。那就是被人称为"音乐神童"时的莫扎特，他出入宫廷时，身上穿的大概就是这样的衣服吧。不过，穿这样累赘的礼服，弹钢琴好像不太方便。我想，画这幅油画的画家，一定是把小莫扎特成人化了。<u>他大概以为，一个已经能创作钢琴协奏曲的音乐家，不应该再是个孩子，所以把7岁的莫扎特画成这样。另外一幅油画，画的是34岁的莫扎特</u>，是一幅未完成的作品。这幅画的作者，是莫扎特的姐夫约瑟夫·朗根，据说这是莫扎特生前自己最满意的一幅肖像。油画上的莫扎特是一个侧面，只画完了头部和上身的一小部分，好像是坐着弹钢琴的姿态，

> 作者选择重点描述的这几幅画，代表莫扎特的成长过程，是他人生中的几个重要时期。透过画作观察莫扎特，从他的眼神和表情中捕捉他的心灵变化历程。

画面的下半部分的色彩全被刮掉了，不知是画家不满意刮掉了准备重画，还是因为其他原因画到一半便中止了。莫扎特凝视着画面的左下方，脸上是严肃沉思的表情。我相信，这幅油画一定把莫扎特画得很逼真，画出了他真实的精神状态。两年后，莫扎特就离开了人世，这也是他留给世界最后的画像。

在这间客厅里，最让我神思飞扬的，是玻璃柜中陈列着的一页五线谱，这是莫扎特谱曲的手稿。发黄的曲谱上，那些活泼的小蝌蚪在上下跳跃，可以想见莫扎特当年是怎样挥动着羽毛笔龙飞凤舞，通过这些黑色的小蝌蚪记录下心中流出的音乐。我默读那谱上的旋律，无比优美，那是典型的莫扎特的风格。人们说莫扎特是上帝派到人间来传送美妙音乐的人，他能用最优美的旋律表达世上所有的情绪，即便是忧伤、惶惑、迷惘和痛苦，在他的音乐中也一样美妙动人。我曾经无数次听莫扎特的作品，无数次在他创造

莫扎特具有极高的音乐天赋，他是为音乐而生的天才。他创作的音乐旋律优美、纯净、平和，精神内涵丰富，艺术水准极高，强烈地冲击着人的心灵，引起人们的共鸣与喜爱，成为永恒的经典之作。

的旋律中沉醉。他的音乐,是心灵的自由飞翔,是天籁之声。现在,能在莫扎特度过童年的房子里,看他亲手谱写的曲稿,那简直是梦幻一般的情景。我不知道现代的科技手段能否将这样的手稿永远保存,但对莫扎特来说,这并不重要了,因为,他当年创造的音乐,已经传遍人间,而且将永远流传下去,只要人类的心灵和耳朵还能欣赏音乐。

走出莫扎特居住的那套房子,隔壁也是莫扎特故居博物馆的一部分。在一个大房间里,可以买到关于莫扎特的画册和唱片。屋子的一角,一台电视机开着,屏幕上正放着歌剧《魔笛》,剧中人帕米娜和帕帕杰诺正在演唱那段著名的两重唱《那些感受到爱情的男人》。柔美的女高音和激越的男高音交织缠绕,咏叹着人间的爱情,使每一个从这间屋子走过的人都驻足聆听。我发现,沉浸在音乐中的听者,脸上都是神往的表情。歌声在静悄悄的屋子里回旋百转,每一个角落都荡漾着深情的音乐,仿佛那就是莫扎特自己在歌唱。荣辱贫富,爱恨悲欢,世间的一切都稍纵即逝,只有那些从心灵里涌出的曼妙音乐,永远在热爱艺术的人群中流传。

沿着那些古老的石头楼梯下来,又回到楼房门前那个小小的广场上。广场里,人群流动,乐声飞旋。两个年轻的蒙古人,坐在地上拉马头琴,拉的是现代东方的曲子,飘忽,凄凉,如歌,如泣,和莫扎特的旋律没有关系,但却让人感觉到一种内在的契合。很多人围着那两个蒙古人,静静地听他们拉琴。这些听众来自世界各地,有着不同的肤色,到萨尔茨堡,大多为了莫扎特而来,但在莫扎特故居的门前,却听到了东方的马头琴声。那两个蒙古人一曲拉罢,在人们礼貌的掌声中相互点头一笑,展开琴弓,突然拉出莫扎特的小提琴协奏曲中的一段旋律,惊喜的听众情不自禁地鼓起掌,掌声和琴声交融在一起……

> 写两个蒙古人在广场演奏马头琴,既呼应了文章开头,来访游客多为凭吊莫扎特而来,又起到了烘托渲染,升华主旨的作用。

> 用年轻蒙古人用马头琴演奏莫扎特的小提琴协奏曲,来表明莫扎特音乐影响遍及世界。真正是音乐无国界,无语言差异。

我回头仰望莫扎特故居，三楼，那一排无人的窗口。当年，小莫扎特一定常常打开窗户，探头看粮食街上的热闹景象。如果莫扎特此刻回到老家，打开窗户，俯瞰此情此景，或许也会报以会心一笑吧。

遥望泰姬陵

去印度,当然要去看看泰姬陵。

泰姬陵坐落在阿格拉。从新德里坐车去阿格拉。不到两百公里路程,花了将近四个小时。沿途没有特别的风景,经过一些小镇,可以看到衣着鲜艳的印度人在路边摆摊,闲逛,大声喧哗,孩子在车窗前举手晃动着不知名的食品向车上的人兜售。女人头顶着水罐行走在树荫下,优美如东方歌舞团的舞蹈。不时可以看到或者慵懒地卧在路边或者悠闲漫步的牛。也有大象,步履稳健地在路上行走,它们是印度人温顺的坐骑。

阿格拉是印度最重要的旅游城市,拥有两处世界文化遗产,泰姬陵和红堡。进入阿格拉时,情景令我吃惊。这竟然是一个破旧脏乱的城市，汽车经过市区，只见歪斜的商铺，喧闹的人群，马车、羊群混杂在一起，更有黑色或者黄色的牛三两结队，昂然从集市中走过，旁若无人。陪同的印度青年对我说，阿格拉城里很乱，晚上他也不敢去那里。然而伟大的泰姬陵就在这城市侧畔。<u>现代的嘈杂粗陋，衬托着古时的精美恢宏。</u>

泰姬陵用白色大理石建成，巍峨而精美，如蓝天下的一朵白色蘑菇云，又如一座凌然的雪山，在午后的阳光下闪烁着圣洁的光芒。这是一个印度国王为纪念其去世的爱妻而建造的一座陵寝，一座伊斯兰风格的巨大建筑，被认为是人类的建筑奇迹之一。在很多人眼里，它是永恒爱情的象征。印度五世国王的爱姬病重弥留时，悲痛的国王许诺，将在她离开人世后为她建一座举世无双的最美的陵墓。爱姬病逝，国王便开始以自己的权威实践对亡妻的诺言，举全国之力大兴土木开工建陵。当时的印度，国力雄厚，然而建这座

> 作者为我们介绍了泰姬陵的由来与它建造过程的艰辛不易，无数人为之流汗流血甚至丧命，它的华美是建造在累累白骨之上的。

陵墓，绝非平常之事。国王令下，全国动员，设计、采办、运料、施工，工程浩繁，犹如秦始皇造长城。这位国王在位时，建造泰姬陵就成了他生活中的头等大事。巨大的施工现场，每天有五千个工人在劳作，工程延续了整整二十年，无数人为之流汗流血，甚至丧命。当泰姬陵完工时，见到它的人都惊呆了，天地间耸立起的这座纯白色的巨大建筑，端庄、宏伟、神秘，集圣洁和华丽于一身，它的美震撼了所有人。泰姬陵用数以万吨计的白色印度大理石建穹顶主体，用来自世界各国的彩色大理石镶嵌墙上的花饰和可兰经文。陵寝周围的巨大方形平台和阶梯，也用白色大理石铺就。瞻仰陵寝的人们赤脚走上台阶经过平台，仿佛是一步一步进入一座纯洁的白玉之山。陵寝的方形平台四角建有四座立柱形高塔，塔顶也有圆形穹顶，与巍峨的陵寝主楼和谐相称，融为一体。陵寝平台两侧有两幢对称的红色建筑，右侧为清真寺，左侧为昔日宾馆。在这两幢红色建筑的衬托下，更显出主体陵寝耀眼的洁白。国王实践了他的诺言，为亡妻建造了一座独一无二的伟大陵寝。这恐怕是有史以来人世间成本和代价最巨大的爱情纪念。

我参观泰姬陵时，向陪同的印度朋友提了一个问题：泰姬陵的设计者是谁？在介绍泰姬陵的资料上，没有看到有关设计者的文字。印度朋友告诉我，<u>设计者是一位名叫穆罕默德的波斯建筑师，他不仅设计了泰姬陵，还亲自参与了整个建筑过程</u>。泰姬陵建成后，他得到的奖赏是被国王砍去右手，为的是不再让他有机会设计相同的建筑。而穆罕默德，面对着自己设计的这个美丽建筑，坦然受刑，觉得死而无憾。作为建筑师，能有机会把美妙的梦想变成现实，是莫大的幸福。泰姬陵建成之后，历史记载中再没出现过有关这位伟大建筑师的只字片言，很多人认为，是国王杀害了他。失去手臂的设计师，并没有

> 泰姬陵这座不朽的"世界奇观"的设计者穆罕默德，在泰姬陵建成之后被国王砍去右手，为的是不让他再设计出相同的建筑。读到这里，让人心酸和愤慨。统治者是如此自私狭隘、良心丧尽。一个平民的生命在尊贵的帝王之诺面前竟轻如鸿毛。

失去设计的能力,国王担心他再为别人设计相同的建筑,这样,就会破坏了他对亡妻的承诺。尊贵的帝王之诺和一个平民的生命,孰轻孰重,那是不需要动脑筋的。一个伟大的设计师,竟成为自己设计的陵寝的殉葬品。

我无法证实这个故事,但我相信这不会是好事者的杜撰。如今的参观者,都称道国王和泰姬的爱情,以为这宏伟的建筑便是人间情爱的象征。有谁还记得这穆罕默德,记得这位用生命设计了泰姬陵的天才建筑师?泰姬陵上,没有他的名字,人们津津乐道着帝王和妃子的爱情,却忘记了这位伟大的建筑师。我想,在泰姬陵前,应该为穆罕默德塑一座雕像,<u>让他挥动着那只没有手掌的右臂,向每一个来看这世界奇迹的游人讲述他的故事。</u>

关于建造了泰姬陵的这位国王,史书上有详尽记载。他为亡妻建成陵寝之后不久,他的儿子便篡权夺位,把他赶下了台。建泰

> 作者详细记述这段历程,就是为了让更多人了解并记住这位伟大的建筑师,是他用生命换来的这座不朽的建筑。

姬陵，几乎耗尽国库，饥荒蔓延，民怨沸腾，这也为儿子篡位提供了理由。被废黜的老国王成了囚徒，被关在离泰姬陵几公里外的红堡中。他向新国王提出一个要求，希望在自己囚室的窗户里能远眺泰姬陵，儿子满足了他。我去红堡参观时，印度朋友把我带到当年囚禁老国王的那间房间。说是囚室，其实是豪华宫殿中宽敞的一间，墙上的窗户，正对着泰姬陵的方向。幽囚此地的老国王，遥望着亡妻的陵墓，会有什么联想呢？泰姬陵离这里不远，但却已遥隔天涯，可望而不可即。对他来说，建造陵寝、遥望陵寝的时光，比他和泰姬共同度过的岁月，不知要漫长多少倍。

　　红堡是昔日皇宫，宫殿外墙多用赭红砂石砌成，远望一片红色，故得名。我登上红堡时，正是日暮时分，残阳如血，染红了地平线上默默矗立的泰姬陵。从囚室窗户里看出去，泰姬陵犹如盛开在天边的一朵巨大花朵，也如大地上蹲伏着的一头红色巨兽，更像是天外来客，遥远而神秘。在我的冥想之中，遥远的地平线上，永远徘徊着两个幽灵：一个是陵寝主人的丈夫，那位在红堡囚室中郁郁终老的国王，他只能孤独地遥望着泰姬陵；一个是被砍断手臂的伟大建筑师穆罕默德，他或许会追随着来自世界各地的参观者，倾听他们对自己作品的评论，在连绵不绝的惊叹声中，他或许会欣慰一笑。

面对自己设计的美丽建筑，穆罕默德坦然受刑，因为他的梦想，已变成现实。即使因此丧失了生命，他也死而无憾，因为他留下了不朽的杰作，生命价值得到最完美的呈现，他若知道全世界的人都在为他的作品惊叹，或许会感到欣慰。

美人鱼和白崖

去丹麦的前一天，我在荷兰的古城代尔夫特散步。这是一个小小的市镇，在欧洲却很有名，因为这里是画家维米尔的故乡。维米尔生活的时代是十七世纪，他一生居住在这里，从未远足。但他却成为荷兰历史上最伟大的画家之一。三百多年前的教堂，依然屹立在古城的中央，教堂的钟楼高耸云天，钟声响起时，全城都回荡着优美而又古意盎然的金属之音。钟声在古城上空久久飘漾，如晶莹的金属之雨，洒落在每一条小巷，飘入每一扇窗户，仿佛要把人拽回到遥远的古代。

在古老的钟声中，我想起了安徒生。明天，就要去丹麦，要去拜访他的故乡。路边出现一家书店，我走进去，心里生出一个念头：在这里，能否找到安徒生的书？书店门面不大，走进去才发现店堂不小。在书店的童书展柜中，我看到了安徒生童话，堆放了整整一排书架，各种不同的版本，文字版的，绘图版的，荷兰文、丹麦文、英文、法文、德文、瑞典文。我不懂这些文字，但书封皮上的图画，让人一眼就辨别出安徒生名作中的形象：《丑小鸭》《海的女儿》《卖火柴的小女孩》《皇帝的新衣》……一个金发碧眼的小姑娘，正和她母亲一起，站在书柜前翻阅这些书。

钟声还在空中回荡。还没有到丹麦，我已经听见了安徒生的声音。

> 作者从去丹麦的前一天写起，写到在荷兰一家书店看到安徒生童话，堆放了整整一排书架，可见安徒生童话影响之大，他的书遍布世界各地，在世界童话史上无人替代。

在大街上

到根本哈根,第一个停留的地方,是安徒生大街。这是哥本哈根最宽阔的一条大街。街上车流不断,路畔有彩色的老房子,也有高大的现代建筑。人行道上,行人大多目不斜视,步履匆匆。呈现在我眼前的,是现代的生活,和安徒生的时代似乎没有多少联系。安徒生第一次到哥本哈根的时候,才十四岁。一个来自偏僻小城的少年人,面对首都的繁华和热闹的人群,一定手足无措。他是来哥本哈根寻找生活的,他还不知道自己的人生轨迹是何种模样。那时,他大概还没有想过自己要当一个作家,据说他热爱音乐,希望成为一个歌剧演员。安徒生天生好嗓子,唱歌时也懂得用心用情,在皇家剧院试唱时,颇受那里管事人的赏识，剧院是他经常光临的场所。然而好景不长，一次伤风感冒，他的嗓子哑了，原来唱歌时发出的清亮圆润的声音，永远离他而去。

失去了好嗓音，对少年安徒生是一次大苦恼，是一场灾难，他再也无法圆自己当歌唱家的美梦。但少年安徒生的这场灾难，却也是文明人类的幸运，一个伟大的童话作家，因此而有了诞生的可能。试想，如果少年安徒生在歌剧舞台上如鱼得水，赢得赞美和掌声，一步步走向成功，哥本哈根可能会出现一个年轻的歌唱家，他可能会星光灿烂，显赫一时，让和他同时代的人们有机会听到他的歌声。不过毫无疑问，他的歌声和他的名声，将随着岁月的流逝，很快被人们遗忘。好在他失去了好嗓音，因而不得不放弃了做歌唱家的梦。他开始专注于写作，写诗，写小说，写戏剧，也写童话。最后，他发现自己最擅长，也是最能借以表达灵魂中的憧憬和梦想、

安徒生梦想当一名歌剧演员，可是造化弄人，他的嗓子哑后无缘歌剧，上天为他关上了一扇窗，却又为他开启了另一扇大门，他开始专注于写作，成为全世界著名的童话家，为人类文明史文学史贡献了宝贵财富。

倾诉内心爱之渴望的文体,是童话。

舞台上少了一个少年歌者,对当时的音乐爱好者来说,其实只是一个小小的损失,安徒生退场,一定还会有别的少年歌手来顶替他,也许比他唱得更好。然而对于丹麦和全世界的孩子们,却因此后福无穷。<u>安徒生即将创造的文学形象,将走进千家万户,给孩子们带来欢乐,带来梦想。他把人间的挚爱和奇幻的异想,像翅膀一样插到每一个读者的心头</u>,让读者和他的童话一起飞,飞向无限遥远美好的所在。他的童话,将叩开孩子们蒙昧的心,将他们引入阔大奇美的世界,多少人生的境界,将因为他的文字而发生美丽的改变。

安徒生的童话,每一篇都不长,却深深地打动了读者,让人垂泪,让人惊愕,让人失笑,也让人思索。他的童话中,有最清澈纯真的童心,也有历尽沧桑后发出的叹息。安徒生的童话,读者并不仅仅是孩子,成年

> 安徒生童话影响了一代又一代人,陪伴着我们走过童年,他创造出许多不朽的文学形象,带给我们欢乐与梦想。他的童话中,蕴含着丰富的人生哲理,启迪着我们的人生。

人读这些童话，会读出更深沉的况味。一篇《皇帝的新衣》，有多么奇特的想象力，又有多么幽邃的主题。皇帝的虚荣和愚昧，骗子的聪明和狡诈，童心的纯真和无畏，交织成奇特的故事，人性的弱点和世态的复杂，在短短的故事中被展示得如此生动。这些含义深刻的童话，可以从幼童一直读到老年。作为一个人类历史上影响最大的童话作家，<u>安徒生一生只写了168篇童话。</u>也许，这样的创作数量，比世界上大多数童话作家的创作数量都要少。他从三十岁开始写童话，连续不断写了43年，平均每年创作不到四篇。<u>我认识一些当代的童话作家，年龄并不大，已经创作了千百篇童话</u>，数量已经远远超过了安徒生，但没有多少孩子知道他们。这样的比较，也许没有意义，<u>世界的童话史中，只有一个安徒生，他是无可替代的。</u>

安徒生大街很长，在临近哥本哈根市政厅人行道上，终于看到一尊安徒生的铜像。

> 安徒生的作品数量并不多，却创作许多经典，作者批评了当代的某些童话作家，只求数量，不求质量的创作态度，对比中，更突现出安徒生童话的巨大影响以及无可替代的地位。以严谨的态度去创作，才有可能写出优秀的作品。

铜铸的安徒生穿着燕尾服，戴着他那顶标志性的礼帽，在一把椅子上正襟危坐。他面目沉静，凝视着他身边车流滚滚的大街。这是一个拘谨严肃的沉思者形象，他的表情中，似乎有几分忧戚。他的目光投向大街的对面，对面是一个古老的儿童游乐场。安徒生在世时，这个儿童游乐场就已经在这个地方。据说，他经常来这里看孩子们玩耍，孩子们活泼的身影和欢乐的嬉闹声，曾给他带来创作的灵感。

我在哥本哈根坐车或者散步时，望着周围的景色，心里常常生出这样的念头：当年，安徒生是不是在这样的景色中寻找到创作的灵感？我发现，这里的房屋，尽管比英国、法国和意大利的建筑看上去要简朴一些，然而色彩却异常鲜艳。每栋房子的颜色都不一样。站在河边的码头上看两岸的建筑，高低起伏，鳞次栉比，五颜六色挤挨在一起，缤纷夺目，就像孩子们的玩具积木，有童话的风格。我不知道是安徒生的童话影响了这里的建筑风格,还是这样的彩色房子给了安徒生创作的灵感。也许,两者兼具。丹麦朋友告诉我,安徒生曾经在河边的这些彩色房子中居住过,那时,每天傍晚,在河边的林荫路上都能看到他瘦长的身影。

<u>哥本哈根是安徒生走向文学,走向童话,走向世界的码头。</u>如今,哥本哈根因安徒生而生辉,安徒生照亮了哥本哈根,照亮了丹麦,这座古老城市的所有光芒,都凝集在这位童话作家的身上。

> 哥本哈根是安徒生创作的摇篮,这里的建筑与环境为安徒生创作童话提佛那个了灵感与源泉。安徒生为世界童话史做出的杰出贡献,留下的辉煌著作,同样让这座城市生辉,让整个丹麦生辉。

美人鱼

清晨,海边没有人影,美人鱼雕像静静地坐在海边。

安徒生创造的美人鱼,是人类童话故事中最美丽动人的形象之一。哥本哈根海边的这座铜像,凝集着安徒生灵魂的寄托。她是美和爱的象征,也已成为丹麦的象征。前几年上海举办世博会,哥本哈根的美人鱼漂洋过海,去了一趟中国。丹麦馆中的美人鱼是上海世博会中最受人欢迎的风景。人们站在美人鱼身边拍照时,感觉就是在丹麦留影,也是和安徒生童话合影。

雕塑的美人鱼,如果不是下身的鱼尾,其实就是生活中的一个可爱的小姑娘。她身体柔美的曲线,她凝视水面的娴静表情,和她背后浅蓝色的大海融合成一体。

这是全人类都熟悉的形象，安徒生创造的这个为爱情甘愿承受苦痛，甚至牺牲生命的美丽女子，感动了无数读者。在安徒生童话中，《海的女儿》是一篇深挚而凄美的作品，读得让人心酸、心痛。其实这也是一篇带有精神自传意味的作品。

在女人面前，安徒生自卑而羞怯。在几种安徒生的传记中，我都读到过他苦涩的初恋和失败的求爱。童年时，他曾经喜欢班上唯一的女生，一个叫莎拉的小姑娘，他把莎拉想象成美丽的公主，偷偷地观察她，用自己的幻想美化她，渴望着接近她。这个被安徒生想象成公主的小姑娘，也是贫苦人家的孩子，她的梦想是长大了当一个农场的女管事。当安徒生告诉莎拉，公主不应该当什么农场管事，他发誓长大了要把她接到自己的城堡里。听安徒生的这些话，惊愕的小莎拉就像遇到了外星人……这样的初恋，结局是

美人鱼其实是安徒生理想中人的缩影。小人鱼对人类的向往，便是安徒生对贵族权势的羡慕，为了进入高等社会，他像人鱼一样，每一步都如行走在刀刃上，他抵挡着嘲笑、诽谤和侮辱，忍受内在的痛楚、寂寞与失败等精神痛苦，像小人鱼一样为时间不容。

什么呢？安徒生几乎被周围所有孩子的讥讽，甚至遭到富家子弟的打骂。更让他伤心的是，他不仅没有擒获萨拉的芳心，竟也遭到萨拉的嘲笑，小姑娘认为安徒生是个想入非非的小疯子。

安徒生经历过爱情的失意，被拒绝或者被误解，不止一次打击过他，伤害过他。在哥本哈根求学时，他曾经深爱过寄宿房东的女儿，但他始终不敢表白，只是默默地关注她，欣赏她，思念她。直到分手，都未曾透露心中的秘密，最后成为生命记忆中的美和痛。

少年时代我曾经非常喜欢苏俄作家巴乌斯托夫斯基的《金蔷薇》，其中有一篇安徒生的故事《夜行的驿车》，是这本书中最动人的篇章。在夜行驿车上，黑暗笼罩着车厢，平时羞涩谦卑的安徒生一反在白日阳光下的羞怯，一路滔滔不绝，和四个同车的女性对话。他以自己的灵动幽默的言语，深邃智慧的见解，还有诗人的浪漫，预言她们的爱情和未更具自我写照色彩的是爱情描写，安徒生赋予小人鱼勇敢追求爱情，最后却以自我牺牲的方式毁灭，这与他一生的爱情悲剧有关。安徒生终生未娶，把自己对意中人爱而不得的情感深埋在心底，小人鱼对爱的执着，自强不息在艰难中奋起的精神动力，也正是安徒生自身的写照。

来的生活。女人们在黑暗中看不清安徒生的脸，但都被他的谈吐吸引，甚至爱上了他。故事中的一位美丽的贵妇，很明确地向安徒生表白了自己对他的欣赏和爱慕，而安徒生却拒绝了这从天而降的爱情，默默地退回到黑暗中，回到他没有女人陪伴的孤单生活。这种孤单将终身伴随他。《金蔷薇》中的故事情节，也许是巴乌斯托夫斯基的文学虚构，但这种虚构，是有安徒生的人生印迹作为依据的。

在《海的女儿》中，安徒生化身为小美人鱼，她深爱着王子，却只能默默地观望，无声地思念。为了追求爱，她宁肯牺牲性命。在那篇童话中，美人鱼的死亡和重生，交织在一起，那是一个让人期待又叫人心碎的时刻。安徒生在他的童话中这样结尾："太阳从海里升起来了。阳光柔和地、温暖地照在冰冷的泡沫上，小人鱼并没有感到灭亡。她看到光明的太阳，同时在她上面飞舞着无数透明的、美丽的生物。透过它们，它可以看到船上的白帆和天空的彩云。它们的声音是和谐的音乐……"

<u>人间的真情和美好，有时只能远观而难以接近，只能在心里默默地欣赏、品味、期待，也许永远也无法融入现实的生活。</u>

安徒生逝世前不久，曾对一位年轻的作家说："我为我的童话付出了巨大的代价，我要说，是大得过分了的代价。为了这些童话，我断送了自己幸福，我错过了时机，当时我应当让想象让位给现实，不管这想象多么有力，多么灿烂光辉。"安徒生的这段话，也是出现在巴乌斯托夫斯基在《夜行驿车》中，是否真实，无法断知。说安徒生是因写童话而错过了爱情，牺牲了自己原本可以得到的幸福，其实并不符合逻辑。安徒生成名后，倾慕他的人不计其数，作为一个成功的男人，他的机会非常多。如果恋爱，成家，生儿育女，未必会断送自己的写作才华。安徒生终生未

> 现实有时是冰冷和残酷的，那种让人心碎的美好，有时只可远观，默默欣赏，却难以接近。人生有诸多不如意之处，不是所有的愿望都能实现，不是所有的美梦都能成真。

娶，还是性格所致。

生活中没有恋爱，就在童话中创造迷人的精灵，赞美善良美丽的女性。所以才有了《海的女儿》，有了这永远静静地坐在海边的美人鱼。

美人鱼所在的海边，对面是一个工厂，美人鱼的头顶上，有三个大烟囱。在晴朗的蓝天下，三个大烟囱正冒着淡淡的白烟，就像有人站在美人鱼背后悠闲地抽着雪茄，仰对天空吞云吐雾。对这样一个美妙的雕塑，这三根烟囱是有点煞风景的陪衬和背景。也许，这也是一个暗喻，<u>在这世界上，永远不会有无瑕和完美。</u>

《美人鱼》是带有悲剧色彩的作品，安徒生的人生也充满着悲剧色彩，作者把对着美妙雕塑的三根煞风景的烟囱写进文中，是一种暗喻，世界上永远不会有完美。

他是个美男子

雨后，石头的路面上天光闪烁，犹如一条波光粼粼的小河，在彩色的小屋间蜿蜒。

这是欧登塞的一条僻静的小街。安徒生就出生在这条小街上，他的家，在小街深处的一个拐角上。几个建筑工人在装修故居，墙面被破开，屋内的景象站在街上就能看见，黄色的墙壁，红色的屋顶，白色的窗户，让人联想到童话的绚烂多彩。安徒生童年住的房子，是否会有这样鲜艳的色彩，让人怀疑。据说安徒生是出生在一张由棺材板搭成的床铺上，他从娘胎中一露面，就开始大声啼哭，声音之大，让所有听见的人都觉得惊奇。在场的一个神父，笑着安慰安徒生的父母，他说：别担心，婴儿的哭声越响，长大后歌声就越优美。神父怎么也想不到，这个大声啼哭的孩子，长大后会唱出多么美妙的歌。

我站在小街上，想象安徒生童年的生活的情景。一群穿着鲜艳的孩子从我身边走过，一个个金发碧眼，叽叽喳喳地说着我听不懂的话。两个年轻的姑娘带着这些孩子，他们也是来寻找安徒生的。

毫无疑问，童年安徒生曾经在这里生活。<u>他的喜欢读书的鞋匠父亲</u>，他的含辛茹苦的洗衣妇母亲，他儿时的玩伴，他熟悉的邻居，都曾在这条街上来来往往。这是一个流传着女巫和鬼神故事的小镇，人们喜欢在黑夜来临时，在幽暗的灯火中传播那些惊悚的故事。安徒生对这些故事深信不疑，他常常在心里回味这些故事，并且用自己的想象丰富这些故事，让故事生出翅膀，长出尾巴。离安徒生故居不远的地方，可以看到一片树林。小安徒生曾经面对着黑黢黢的树林，幻想着在树林里作怪的妖魔，幻想着这些妖魔正从黑

> 安徒生出身贫寒，父亲是鞋匠，母亲是洗衣妇。就在这样一个家庭里诞生了世界童话大师。虽然他的家境不好，但父亲爱读书，这个好习惯一定影响了安徒生。

暗中张牙舞爪向他扑过来。有时候，他被自己脑子里出现的念头吓坏了，一路狂奔着逃回家去。

我走在这条小路上，<u>想象着那个被自己的幻想惊吓的孩子，是如何喊叫着在铺着石板的路上跌跌撞撞地奔跑，就像一匹惶然失措的小马驹，不禁哑然失笑。</u>

安徒生的想象力非同寻常，这想象力从他孩提时代已经显露。很多后来创作的童话，就起始于童年时的幻想。他在自己的故事中曾经这样描绘，一个古老的魔箱，盖子会飞起来，里面藏着的东西便随之飞舞，箱子里藏着什么呢，有神秘的思想和温柔的感情，还藏着天地间所有的魅力——大地上的花朵、颜色和声音，芬芳的微风，海洋的涌动，森林的喧哗，爱情的苦痛，儿童的欢笑……

安徒生的魔盒，就是在欧登塞的小街和人群中开始有了最初的雏形。

1819年9月6日，14岁的安徒生第一

> 这段文字充满着童真与乐趣，安徒生从小就喜欢幻想，这为他长大后创作童话打下了基础。童话世界要靠无限丰富的想象构建起来。丰富想象与生活阅历是所有艺术创作的源泉。当然需要用心去感悟，用头脑去思考。

次离开故乡去哥本哈根。一个瘦瘦高高的男孩，手里提着一个包袱，包袱中有他心爱的书和木偶。他的口袋里，装着30个银毫子。马蹄敲打着石板路，安徒生坐在马车上，眼里含着泪水。小城的教堂、街道和房屋后面的树林在他的眼帘中渐渐变得模糊。回首故乡。还未成年的安徒生，对故乡满怀着依恋和感激，但他对自己远走高飞的计划一点不犹豫，他相信自己的才华会被世界认识，他在那天的日记中写下这样的句子："有一天，当我变得伟大的时候，我一定要歌颂欧登塞。"他在日记中大胆地遐想着："有一天，我将成为这个高贵城市的一个奇迹，为什么不可能呢？那时候，在历史和地理书中，在欧登塞的名字下，将会出现这样一行字：一个名叫安徒生的丹麦诗人，在这里出生！"

十四岁的安徒生，将自己的未来的身份定位为诗人。那时，他还没有写童话。安徒生年轻时代写过很多诗歌，成为当时丹麦诗

> 安徒生从小就有高远的理想与抱负，并敢于用行动去实现他所期望的伟大与奇迹，这些都在他百折不挠的奋斗中得以实现。

坛的一颗新星。但他最终以童话扬名世界。他的童话，每一篇都饱含诗意，从本质上说，安徒生终生都是一个诗人。

　　安徒生十四岁时的预言，早已成为现实，<u>安徒生</u>这个名字辉煌的程度，远远超出他的预期。安徒生是欧登塞的骄傲，这个原本籍籍无名的小镇，因为安徒生而成为世界名城。到丹麦来的人，谁不想到这里来看一下。

　　和安徒生故居连在一起的，是安徒生博物馆。这是让全世界孩子向往的一个博物馆，也是让所有的作家都自叹不如的博物馆。

　　安徒生博物馆中，有一个陈列安徒生作品的图书馆，四壁的大书橱里，放满了被翻译成各种语言的安徒生童话。<u>安徒生的创作的故事，经过翻译，传播到世界的每一个角落，从欧洲、亚洲，到美洲，非洲，国家无论大小，只要那里有文字，有书，有孩子，就有安徒生童话。</u>他的书，到底有多少译本，有多少种类，已经无法统计。在这些书柜中，

安徒生童话对人类产生了巨大影响，他的作品飞向世界各地，传播到每一个角落。真正杰出的艺术作品一定是超越国家和民族界限的，它具有世界性。

我看到来自中国各地出版社的很多种安徒生童话的中文译本，从20世纪30年代，一直到最近几年的新译本。我读过多种关于安徒生童话的关资料，有说安徒生童话的译本在全世界有两百多种语言，有说是八十多种语言，不同的数据落差很大。人类一共有多少种文字，谁也说不清楚，不过我相信，大多数还在使用的文字，都会有安徒生童话的译本。这里的统计数字，大概也不会精确。如果安徒生活过来，走进这个图书馆，他也许会受到惊吓。面对着这么多来自世界各地的安徒生童话，其中大多数文字是他不认识的。

安徒生博物馆的标记，是一个圆形的剪纸人脸，样子犹如光芒四射的太阳神，这是安徒生的杰作。安徒生是剪纸高手，博物馆里，展出了不少他的剪纸作品，其中有各种形态的花卉和动物，还有形形色色的人物。剪纸，大概是安徒生写作间歇时的一种余兴和游戏，他随手将心里想到的形象剪了出来。安徒生的剪纸，最生动的还是人物。人物剪纸中有一些长臂长腿的舞者，是安徒生剪出来挂在圣诞树上的，圣诞音乐奏响时，这些彩色的纸人会在圣诞树上翩翩起舞。有一幅小小的剪纸作品，让我观之心惊。这是一幅用白纸剪成的作品，底下是一颗心，心上长出一棵树，树梢分叉，变成一个十字形绞架，绞架的两端，各吊着一个小小的人。安徒生想通过这剪纸告诉世人什么？

<u>安徒生曾被人认为相貌丑陋，他也因此而自卑。</u>安徒生瘦瘦高高，小眼睛，大鼻子，他常常戴着礼貌，身着燕尾礼服，衣冠楚楚，一副绅士派头。前年夏天在纽约的中央公园，我曾见过一尊安徒生的雕像，他坐在美国的公园里，手捧着一本大书，凝视着脚边一只丑小鸭。这尊雕像，把安徒生的头塑得很大，有点比例失调。不过美国人都喜欢这座雕像，很多孩子坐在安徒生身边和他合影。

安徒生的长相是否丑陋，现在的丹麦人

> 安徒生受到世人的敬仰，受到世界各地孩子们的喜爱。他的外在美与丑并不重要。

看法已经完全不同。在安徒生博物馆中，有很多安徒生的照片和油画，也有不少安徒生的雕塑。照片和油画中的安徒生，忧郁而端庄，虽谈不上俊美，却也绝不是一个丑陋的男人。我仔细看了博物馆中的每一尊雕塑，其中有头像、胸像，也有和真人差不多高的大理石全身立像。这里的安徒生雕像，目光沉静安宁，脸上是一种沉思的表情。有一尊雕像，安徒生正在给两个小女孩讲故事，他满面笑容，绘声绘色地讲着，一只手在空中挥动。两个小女孩倚在他身边，瞪大了眼睛听得出神。这是一个和蔼可亲的形象。

　　安徒生博物馆的讲解员是一位姿态优雅的中年女士，她站在安徒生的一尊大理石立像旁，微笑着对我说："<u>安徒生并不丑，他相貌堂堂，是个美男子。</u>"

　　安徒生作为一名文学巨匠，给人类创造出无比丰富的精神食粮，无论他的外在美与丑，都受到世人的尊重与敬仰，他的艺术才华使得他的形象富有永恒的魅力。

白色纪念碑

秋风萧瑟，黄叶遍地。天上飘着小雨，湿润的树林轮廓优雅而肃穆。一只不知名鸟躲在林子深处鸣叫，声音婉转轻柔，若隐若现，仿佛从遥远的天边传来。沿着布满落叶的曲径走进树林，看见了一块块古老的墓碑。

安徒生就长眠在这里。

这是哥本哈根城郊的一个墓园。人们来这里，是来看望安徒生。然而要找到安徒生的墓并不容易。树林中的墓，都差不多，一块简朴的石碑，一片灌木或者一棵老树，就是墓地的全部。

天上下着小雨，墓园中静悄悄不见人影。站在一片碑林之中，有点茫然，安徒生的墓在哪里呢？正在发愁时，不远的墓道上走过来几个散步的人。一个年轻妇女，推着一辆童车，车上有婴儿，身边跟着一条高大的牧羊犬。看到我们几个中国人，她并不惊奇。我问她，安徒生的墓地在哪里？她莞尔一笑，抬手向我身后指了一下。原来，我已站在安徒生的身旁。

<u>安徒生的墓并不显赫，也没有什么特殊之处，没有雕像，没有安徒生童话中的人物，甚至没有多少艺术的气息，只是一座普普通通的墓，简洁，朴素，占据着和别人相同的一方小小的土地。</u>

一块长方形的白石墓碑，上面刻着安徒生的生卒年月。墓碑两则，是精心修剪过的灌木丛，如同两堵绿色的墙，将安徒生的墓碑夹在中间。安徒生的墓碑前，放满了鲜花，<u>有已经枯萎的花束，也有沾着雨珠的新鲜的花朵。这些鲜花，使安徒生的墓和周围杂草丛生的墓地有了区别。</u>

埋葬在安徒生周围的，是我不认识的人，

安徒生死后朴素的葬处与他出生时贫寒的家境一样，并没有显赫、特殊之处。

安徒生去世后，直到今天，都一直有人来拜谒、凭吊他，这些鲜花，让这简洁的墓地充满生机。

他们是安徒生同时代的人物。每个人占据的墓地都差不多大,也是简朴的墓碑,上面镌刻着墓主的生卒年月。长眠在这里的人们,大概想不到自己会成为安徒生的邻居。

墓地的设计者,当然是不会长眠在墓穴中的墓主。安徒生的墓碑,设计者也不会是他本人。在丹麦,安徒生的雕像和纪念碑很多,和安徒生的童话相比,这些雕像和纪念碑,显得太平常。

我突然想起了白崖,那是丹麦海边的一座高山。

离安徒生家乡两百公里的海边,有一座奇妙山峰,当地人称它为白崖。坐车去那里花了两个多小时。上坡,盘山,到一个无人的山谷。这里能听到海涛声,却看不见海。沿着一条通向林荫深处的木栈道,走向山林深处。木栈道沿着山崖蜿蜒,到一个凸出的山坡上,突然就看到了白崖。

这是耸立在海边的万仞绝壁,它确实是

这幅神奇的图画，充满着别样的美与震撼，冲击着人的视觉和心灵，就如同安徒生创造出的瑰丽的独特的童话世界。

白色的，白得纯粹，白得耀眼。白崖下面，就是海滩，海滩的颜色，竟然是黑色的。<u>白色的崖壁，黑色的海滩，蓝色的海水。蓝、白、黑，在天地间构成一幅神奇的图画。</u>

栈道曲折而下，把我引到海滩上。站在海滩上仰观，白崖更显得森然，伟岸，纯净，如拔地而起的一堵摩天高墙，连接着天和海。海滩上的卵石，大多呈黑色，或者黑白相间。我不明白，为何一座白色的山崖，被风化在海滩上的碎片，却变成了黑色的卵石。这样的演变和结局，如同深藏玄机的魔术。

据当地人介绍，喜欢旅行的安徒生不止一次来这里，他曾来到白崖下，一个人坐在黑色的海滩上，遥望着深蓝色的大海，想他的心事。

眼前的山崖和海滩，和安徒生时代，大概没有什么变化。安徒生来这里时，还是个年轻人，那些后来让他名扬世界的童话故事，这时还没有诞生。他坐在海边，惊叹自然和天籁的神秘奇美时，也曾让想象之翼在山海间飞舞。那些心怀着梦想的精灵，那些化成了动物之身的聪慧生灵，那些会说话思考的玩偶，也许曾随着安徒生的遐想，在白崖上自由翱跶。

<u>白崖，其实更像一块硕大无朋的白色巨碑，耸立在丹麦的海岸上。这才是举世无双的纪念碑，他属于丹麦，也属于安徒生。</u>

大自然的神秘与瑰奇激发了安徒生无限的创作灵感，他创作出同样令人赞叹的童话，影响了一代又一代人，影响了整个世界。白崖形成了一道天然的举世无双的纪念碑，记录着、见证着安徒生为世界文学作出的杰出贡献！

时间断想

一

天地之间，只有一样东西永远无法阻挡，它就是时间。

时间迎面而来，无声无息。它和你擦身而过，不容你叹息，你希望抓住的现在就已成了过去。你纵有铜墙铁壁，纵有万马千军，纵有比珠穆朗玛峰更高的堤坝，纵有比太平洋更浩渺的阔海深渊，却不可能阻挡它一步，更不可能使它空中延缓半步。

转瞬之间，你正在经历的现实就变成了历史，变成了时间留在世界上的脚印。

> 时光匆匆，转瞬即逝，任何人都阻挡不了它的脚步。

二

我们所能见的一切，都凝集着过去的时间，都是时间的脚印。

前些日子，我在欧洲旅行。在庞贝，面对着千百年前覆灭于火山喷发的古城，我感慨在神秘的自然面前人类是多么脆弱渺小。庞贝的毁灭，只是瞬间的事件，火山轰然喷发，岩浆和火山灰埋葬了人间的繁华。当年的天崩地裂，已经听不见一丝回声。然而一切都还留在那里，石街廊坊，残垣断柱，颓败的宫殿，作坊和浴场，过去的千年岁月，都凝集在这些被雕琢过的石头中。而那些保持着临死时挣扎状的火山灰人体雕塑，似乎正在向后人描述时间的无情。

天边的火山是沉静的，当年的喷发已经改变了它的外形。即便是伟力无比的自然，在时间面前，也无可奈何地放弃了它的威仪。

<u>时间把过去的一切，都凿刻成了雕塑。</u>

> 大自然具有无边的伟力，但在时间面前，它也十分无奈，大自然不是一成不变的，过去的一切，依然会被时间封存起来。

三

在罗马，我走进有两千四百年历史的万神殿大厅，抬头看阳光从镂空的穹顶上洒下来，辐射在空旷的大殿里。两千多年来，阳光每天都以相同的方式照亮幽暗的厅堂，然而在相同的景象中，时间却一年又一年地流逝，使这座宏伟神殿从年轻逐渐走向古老。

在厅堂一角，埋葬着画家拉斐尔，在这个古老厅堂的居住者中，他显得如此年轻。而站在这样的古殿中，我觉得自己就像一个刚来到这个世界的婴孩。

哲人的诗句可以将时间描绘成流水，而流水也有停滞的时候。时间更像是光，在黑暗中一闪而过。我的目光，和辐射在古殿里的阳光相交，和殿堂中古代雕塑神像们的目光相遇，我感觉时间在这样的交汇中似乎有了片刻的停留。这当然是幻想，过去的时间永不再回来。我们可以欣赏时间的雕塑，却

> 时光毫不停息地一直奔向前去，一点点将人与一切事物变老，无法抗拒。逝去的光阴绝不会再回来。

无法和逝去的时间重逢。

四

还是回到中国,回到我的生活中来。时间如同空气,无时不在,无处不在,我们的世界永远是现在进行时。

正在进行的时间,也就是不断地和我们擦肩而过的时间,似乎是最珍贵的,也是最有魅力的。它可以使梦想变成现实,也可以使现实变成梦想。

在我的周围,我每时每刻都听见时间有条不紊的脚步声。从正在修建的道路和桥梁上,从正在一层层升高的楼房里,从马路上少男少女活泼的身影中,从街心花园正在打太极拳的老人微笑的表情里,甚至从路边花草在阳光下舒展的枝叶间,我目睹着时间正在实施它改变世界的计划。

婴儿的啼哭,孩童的欢笑,情侣的拥吻,中年人鬓边的白发,老年人额头的皱纹,都时间从每个人的生活中流过,从每个生命中流过,每时每刻,我们都能感受到时间的呼吸,听到时间的脚步,珍惜时间的人是智者,因为他热爱生活,热爱生命,因为时间是组成生命的材料。

人应善于对未来进行规划,为迎接美好的未来,时刻做好准备,以积极的状态投入到工作、学习、生活中去,随时迎接艰难困苦与一切挑战,做一个勤奋、进取的人,时刻积蓄前进的能量与经验。

是时间的旋律。幼芽的萌发,花蕾的绽放,落叶的飘动,早晨烂漫的云霞,黄昏迷人的夕照,都是时间的呼吸。

面对时间,有惊喜,也有无奈。成功者在时间的浪峰上喜庆时,失落无助的人正在时间的脚步声中叹息……

<u>珍惜时间,就是爱生活,爱生命,爱人。</u>

五

在迎接新春到来的时候,我遥想着未来。

最神奇,最不可捉摸的,应该是未来的时间。没有人能确切地描绘它的形态,但可以感觉它步步紧逼的态势。也许,只有未来的时间是可以被设计,可以被规划的。因为,我们可以对时间即将赐予的机会作一点准备,<u>也就是对未来的生活做一点准备,准备对付可能来临的考验,准备迎接可能遭遇的挑战,准备为新的旅程铺路、搭桥、点灯……</u>

有所期待的人生，总是美好的。

我想对未来的时间说：你来吧，我们等着！

六

此刻，新年的钟声已经随风悠悠飘来。我感觉到时间如风，吹来春天的气息。风声呼呼，是庆贺，是催促，是提醒。

时间在流逝，世界也在随之前进。我们每一个人，都在时间中前行。人类永远不可能长生不老，因为时间不会停留。<u>但是我想，生命是可以延长的，只要我们不荒废从我们身边经过的每一年，每一月，每一天，每一分……</u>

时不我待，我们要做珍惜光阴之人，时刻努力获取进步，让生命在有限的时间内获取更多的意义与价值。

在我的书房怀想上海

我在上海生活五十多年,见证了这个城市经历过的几个时代。苏东坡诗云:"不识庐山真面目,只缘身在此山中",很有道理。要一个上海人介绍或者评说上海,有点困难,难免偏颇或者以偏概全。生活在这个大都市中,如一片落叶飘荡于森林,如一粒沙尘浮游于海滩,渺茫之中,有时不知自己身在何处。

有人说上海没有古老的历史,这是相对西安、北京和南京这样古老的城市。上海当然也有自己的历史,如果深入了解,可以感受它的曲折幽邃和波澜起伏。我常常以自己的书房为坐标,怀想曾经发生在上海的种种故事。时空交错,不同时代的人物纷至沓来,把我拽入很多现代人早已陌生的空间。

> 生活在大都市中,人难免会产生空茫之感,人之渺小,都市之繁华,让人有一种漂浮不知何处之感。

我住在上海最热闹的淮海路。一个世纪前，这里是上海的法租界，是国中之国，城中之城。中国人的尴尬和耻辱，和那段历史联系在一起。不过，在这里生活行动的，却大多是中国人，很多人物和事件在中国近代和现代的历史中光芒闪烁。

和我的住宅几乎只是一墙之隔，有一座绛红色楼房，一座融合欧洲古典和中国近代建筑风格的小楼，孙中山曾经在这座楼房里策划他的建国方略。离我的住宅不到两百米远，是一条窄窄的石库门弄堂，陈独秀曾经在一盏昏暗的白炽灯下编辑《新青年》。离我的住宅仅三个街区，中国共产党第一次代表大会在那里召开。从我家往西北方向走三四个街区，曾经是犹太人沙逊为自己建造的私家花园。沙逊来上海前是个不名一文的穷光蛋，他在这个冒险家的乐园大展身手，成为一代巨贾。从我的书房往东北方向四五公里，曾经有一个犹太难民据点。二战期间，

> 作者以自己的书房为坐标，怀想在上海发生的种种过往之事，风云激荡的年代，上海是革命的阵地，是新思潮的产生地之一。上海也以他的大度和包容接纳了来自世界各地的难民和游子。
>
> 上海是新文化产生的重要阵地，文人在这里交流、碰撞，指点江山，激扬文字，以笔为利器，与封建势力、帝国主义侵略者作斗争，他们的先进思想闪耀着光辉。

数万犹太人从德国纳粹的魔爪下逃脱，<u>上海张开怀抱接纳了他们</u>，使他们远离了死亡的阴影。从我书房往东几百米，有大韩民国临时政府旧址。那栋石库门小楼里，曾是流亡的韩国抗日爱国志士集聚之地。这是一个很有意思的现象，<u>身处水火之中的上海，却慷慨接纳了来自四面八方的异乡游子。</u>

淮海路离我的书房近在咫尺，站在走廊尽头的窗户向南望去，可以看到街边的梧桐树，可以隐约看见路上来往的行人和车辆。<u>很自然地会想起这百年来曾在这条路上走过的各路文人，百年岁月凝缩在这条路上，仿佛能看见他们的身影从梧桐的浓荫中飘然而过。</u>徐志摩曾陪着泰戈尔在这里散步，泰戈尔第二次来上海，就住在离这儿不远的徐志摩家中。易卜生曾坐车经过这条路，透过车窗，他看到的是一片闪烁的霓虹。罗素访问上海时，也在这条路上东张西望，被街上西方和东方交汇的风韵吸引。年轻的智利诗人聂鲁达和他的一个朋友也曾在这条路上闲逛，他们在归途中遇到了几个强盗，也遇到了更多善良热心的正人君子。数十年后他回忆那个夜晚的经历时，这样说："上海朝我们这两个来自远方的乡巴佬，张开了夜的大嘴。"

我也常常想象当年在附近曾有过的作家聚会，鲁迅、茅盾、郁达夫、沈从文、巴金、叶圣陶、郑振铎，在喧闹中寻得一个僻静之地，一起谈论他们对中国前途的憧憬。康有为有时也会来这条路上转一转，他和徐悲鸿、张大千的会见，就在不远处的某个空间。张爱玲一定是这条路上的常客，这里的时尚风景和七彩人物，曾流动到她的笔下，成为那个时代的飘逸文字。

有人说，上海是一个阴柔的城市，上海的美，是女性之美。我对这样的说法并无同感。在我居住的同一街区，有京剧大师梅兰芳住过的小楼。梅兰芳演的是京剧花旦，但在我的印象中，他却是个铁骨铮铮的男子汉。

抗战八年，梅兰芳就隐居在那栋小楼中，蓄须明志，誓死不为侵略者唱一句。从我的书房往东北走三公里，在山阴路的一条弄堂里，有鲁迅先生的故居。鲁迅在这里度过了生命中的最后九年。这九年中，他写出了多少有阳刚之美的犀利文字。从我的书房往东北方向不到两公里，是昔日的游乐场大世界，<u>当年日本侵略军占领上海武装游行，经过大世界门口时，</u>一个青年男子口中高喊"中国万岁"，从楼顶跳下来，以身殉国。日军震愕，队伍大乱。这位壮士，名叫杨剑萍，是大世界的霓虹灯修理工。如今的上海人，有谁还记得他？从大世界再往北，在苏州河对岸，那个曾经被八百壮士坚守的四行仓库还在。再往北，是当年淞沪抗战中国军队和日本侵略军血战的沙场。再往北，是面向东海的吴淞炮台，清朝名将陈化成率领将士在那里抗击入侵英军，誓死不降……

我的书房离黄浦江有点距离。黄浦江在

以梅兰芳、鲁迅、杨剑萍等人为例，反驳了"上海是一个阴柔的城市"之说，以实例证明上海具有阳刚之气，有着铮铮铁骨与血性。

陆家嘴拐了个弯，使上海市区的地图上出现一个临江的直角，这样，从我的书房往东或者往南，都可以走到江畔。往东走，能走到外滩，沿着外滩一路看去，数不尽的沧桑和辉煌。外滩，如同历史留给人类的建筑纪念碑，展现了20世纪的优雅和智慧，而江对岸，浦东陆家嘴新崛起的现代高楼和巨塔，正俯瞰着对岸曲折斑斓的历史。往南走到江畔，可以看到建设中的世博会工地，代表着昔日辉煌的造船厂和钢铁厂，将成为接纳天下的博览会，这里的江两岸，会出现令世界惊奇的全新景象。<u>一个城市的变迁。缓缓陈列在一条大江的两岸，风云涌动，波澜起伏，犹如一个背景宽广的大舞台，呈示在世人的视野中。</u>

　　上海的第一条地铁，就在离我书房不到六十米的地底下。有时，坐在电脑前阖眼小息时，似乎能听见地铁在地下呼啸而过的隐隐声响。在上海坐地铁，感觉也是奇妙的。

外滩的沧桑与辉煌展现了这座城市的发展与变迁，悠悠几十载后，上海以崭新的面貌站在世人面前。

列车在地下静静地奔驰,地面的拥挤和喧闹,仿佛被隔离在另外一个世界。如果对地铁途经的地面熟悉的话,联想就很有意思,你会想,现在,我头顶上是哪条百年老街,是哪栋大厦,是苏州河,或者是黄浦江……列车穿行在黑暗和光明之间,黑暗和光明不断地交替出现,这使人联想起这个城市曲折的历史:黑暗——光明——黑暗——光明……令人欣喜的是,前行的列车最终总会停靠在一个光明的出口处。

几经沉浮,历经磨难,上海的发展前景一定是光明的,更加美好的未来会在不远处等待。

不久前,我陪一位来自海外的朋友登上浦东金茂大厦的楼顶。此地距地面四百余米,俯瞰上海,给我的感觉,只能用惊心动魄这样的词汇来形容。地面上的楼房,像一片浩渺无边的森林,在大地上没有节制地蔓延生长,逶迤起伏的地平线勾勒出人的智慧,也辐射着人的欲望……我想在这高楼丛林中找到我书房的所在地,然而无迹可寻。密密麻麻的高楼,像一群着装奇异的外星人,站在人类的地盘上比赛着他们的伟岸和阔气。而我熟悉的那些千姿百态的老房子，那些曲折而亲切的小街，那些升腾着人间烟火气息的石库门弄堂，那些和悠远往事相连的建筑，已经被高楼的海洋淹没……

<u>历史当然不会随之被湮灭。</u>在记忆里，在遐想中，在形形色色的文字里，历史如同一条活的江河，正静静地流动。走出书房，在每一条街巷，每一栋楼宇，每一块砖石中，我都能寻找到历史的足迹。以一片落叶感受森林之幽深，以一粒沙尘感知潮汐之汹涌，我看到的是新和旧的交融和交替。我生活的这个城市，就是在这样的交融和交替中成长着。

> 城市在其发展进程中，湮没了一些带有其自身地域文化标签的东西，不免又令人惋惜。

日晷之影

> 影子在日光下移动,
> 轨迹如此飘忽。
> 是日光移动了影子,
> 还是影子移动了日光?
> ——题记

时间摸不着,看不到,它强大而又隐秘地存在着。时间转瞬即逝,任何人都无法阻挡它前进的脚步,所有过去的,都已变成了历史。

我梦见自己须髯皆白,像一个满腹经纶的哲人,开口便能吐出警世的至理格言。我张开嘴巴,却发不出一点声音。

我走得很累,坐在路边的石头上轻轻地喘息,我的声音却在寂静中发出悠长的回声。时间啊,你正在前方急匆匆地走,为什么,我永远也无法追上你?

　　时间是不是一种物质?说它不是,可天地间哪一件事物与它无关?说它是,它无形无色无声,谁能描绘它的形状?

　　说它短促,它只是电光闪烁般的一个瞬间。然而世界上有什么事物比它更长久呢,它无穷无尽,可以一直往上追溯,也可以一直往下延续,天地间永远没有它的尽头。

　　说时间如流水,不错,水在大地上奔流,没有人能阻挡它奔腾向前。然而水流有干涸的时候,时间却永不停止它的前行。说时间如电光,不错,电光一闪,正是时间的一个脚步。电光闪过之后,世界便又恢复了它的沉寂和黑暗。那么,时间究竟是闪烁的电光,还是沉寂和黑暗?

　　我们为时间设定了很多标签,秒,分,小时,天,月,旬,年,世纪……对于人类来说,每一个标签都有特定的意义,因为,在这个时刻，发生了对于某些人具有特殊意义的事件，比如某个人诞生，某一场战争爆发，某一个时代开始……然而对于时间来说，这些标签有什么意义呢？一天，一个月，一年，一个世纪，在世间的长河中都只能是一滴水，一朵浪花，一个瞬间。

再伟大的人物，在时间面前，都会显得渺小无能。叱咤风云的时候，时间是白金，是钻石，灿烂耀眼，光芒四射。然而转瞬之间，一切都已经过去，一切都变成了历史。

根据爱因斯坦的假设，如果能以光的速度奔跑，我就能走进遥远的历史，能走进我们的祖先曾经生活过的世界。于是，我便也能以现代人的观念，改写那些已经写进人类史册的历史，为那些黑暗的年代点燃几盏光明的灯火，为那些狂热的岁月泼一点清醒的凉水。我也能想办法改变那些曾经被扭曲被冤屈的历史人物的命运，取消很多人类的悲剧。我可以阻止屈原投江，解救布鲁诺出狱，我可以使射向普希金的子弹改变方向，也能使希特勒这个罪恶的名字没有机会出现世界上……

然而我也不得不自问，如果我改变了历史，改变了祖先们的命运，那么，这天地之间上还会不会有我此刻所处的世界，还会不会有我这样一个人？

我想，我永远也不可能以光速奔跑，我的同类，我的同时代人，我的后代，大概都不可能这样奔跑。<u>所以我不可能改变历史</u>，而且，我并不想做一个能改变历史的好汉。<u>爱因斯坦也一样，他再聪明伟大，也无法改变已经过去的历史。即使他能以光速奔跑。</u>

在乡下"插队"时，有一次干活休息，我一个人躺在一棵树下，斑驳的阳光透过树叶的缝隙照在我的身上。我的目光被视野中的一条小小的青虫吸引，它正沿着一根细而

> 历史是无法改变的固有存在，所有之前发生的都已成定局，历史永远无法以人的意志为转移，哪怕他是伟人，是科学家。

软的树枝，奇怪地扭动着身体，用极慢的速度往上爬。在阳光的照射下，它的身体变得晶莹透明。可以想象，对它来说，作这样的攀登是何等艰难劳累。小青虫费了很多时间，攀登到了树枝的顶端，再也无路可走。这时，一阵风吹来，树枝摇晃了一下，小青虫被晃落在地。这可怜的小虫子，费了这么多时间和气力，却因为瞬间的微风而功亏一篑。我想，我如果是这条小青虫，此刻将会被懊丧淹没。小青虫在地上挣扎了一会儿，又慢慢在地上爬动起来，我想，它大概会吸取教训，再也不会上树了。我在树下睡了一觉，醒来的时候，发现那条小青虫竟然又爬到了原来那根细树枝上，它还是那样吃力地扭动着身体，慢慢地向上爬……这小青虫使我吃惊，我怎么也不明白，是什么力量使它如此顽强地爬动，是什么原因使它如此固执地追寻那条走过的路，它要爬到树枝上去干什么？<u>然而小虫子</u>

小青虫其实是世间许多人的写照，为着一个目标，执拗地坚持下去，这个目标或许很简单，可是有了方向，就一路不回头地走下去，即使遭遇了挫折，也无悔地坚持。

的执着却震撼了我。这究竟是愚昧还是智慧?

这固执坚韧的小青虫使我想起了希腊神话中的西西弗。西西弗死后被打入地狱,并被罚苦役:推石上山。西西弗花费九牛二虎之力,将一块巨石推到山顶,巨石只是在山顶作瞬间停留,又从原路滚落下山。西西弗必须追随巨石下山,重新一步一步将它推上山顶,然后巨石复又滚落,西西弗又得开始为之拼命……这种无效无望的艰苦劳作往复不断,永无穷尽。责令西西弗推石的诸神以为这是对他最严厉的惩罚。西西弗无法抗拒诸神的惩罚,然而推石上山这样一件艰苦而枯燥的工作,却没有摧垮他的意志。推石上山使他痛苦,也使他因忙碌辛劳而强健。有人认为,西西弗的形象,正是人类生活的一种简洁生动的象征,地球上的大多数人,其实就是这样活着,日复一日,重复着大致相同的生活。那么,我们生活的世界难道就是一个地狱？当然不是。加缪认为，西西弗是快乐而且幸福的，他的命运属于他自己，他推石上山是他的事情。他为把巨石推上山顶所作的搏斗，本身就足以使他的心里感到充实。

西西弗多像那条在树枝上爬动的小青虫。将时光和精力全部耗费在无穷的往返中，耗费在意义含混的劳役里，这难道就是人生的缩影？

我当然不愿意成为那条在树枝上爬动的小青虫，也不希望成为永远推着巨石上山的西西弗。我只想做一个普通的人，按自己的心愿生活。可是，我常常身不由己。

人是多么奇怪，阴霾弥漫的时候盼望云开日出，盼望阳光普照大地，晴朗的日子里却常常喜欢天空飘来云彩遮住太阳。黑暗笼罩天地的时候，光明是何等珍贵，一颗星星，一堆篝火，一点豆火，都会是生命的激素，

人生难道不是这样吗？人的一辈子往往是在奔波劳碌中度过，有时自己可能也没有弄明白一场又一场奔波的意义究竟何在。

人生活在复杂多变的社会中，有时无法按照自己的心愿生活，受到各种因素的制约。

是饥渴时的面包和清泉,是死寂中美妙无比的歌声,是希望和信心。如果世界上消失了黑夜,那又会怎么样呢?那时,光明会成为诅咒的对象,诗人们会对着太阳大喊:你滚吧,还我们黑夜,还我们星星和月亮!<u>我们的祖先早已对此深有体验,后羿射日的故事,大概不是凭空杜撰出来的。</u>

造物主给人类一双眼睛,我们用它们看自然,看人生,用它们观察世界上发生的一切事情。我们也用它们表达情感,用它们笑,用它们哭——多么奇妙,我们的眼睛会流出晶莹的液体。

婴儿刚从母体诞生时,谁也无法阻止他们的哇哇啼哭。他们不在乎任何人的看法,放开喉咙,无拘无束,大声地哭,泪水在他们红嫩的小脸上滚动,嘹亮的哭声在天地间回荡。哭,是他们给这个迎接他们到来的世界的唯一回报。

月亮的阴晴圆缺、太阳的东升西落、自然界的风雨晨昏,都是正常的现象与规律,它们交织在一起,才是这个世界最原本的面目。

> 有苦就有乐，有喜就有悲，人生向来都是有笑声也有眼泪。人人都会流泪，眼泪有时代表了悲哀、忧伤、愤怒，有时也代表喜极而泣的欢乐。有泪水与笑声交织的人生才是常态。

婴儿为什么哭？是因为突然出现的光明使他们受了惊吓，是因为充满空气的世界远比母亲的子宫寒冷，还是因为剪断了连接母体的脐带而疼痛？不知道。然而可以肯定，此时的哭声，没有任何悲伤的成分。诗人写诗，把婴儿的啼哭比做生命的宣言，比做人间最欢乐纯真的歌唱，这大概不能说错。而当婴儿长成孩童，长成大人后，有谁能记得自己刚钻出娘胎时的哭声，有谁能说清楚自己当时怎样哭，为什么而哭。诗人们自己也说不清楚。无助无知的婴儿，哭只是他们的本能。我们每个人当初都曾经为这样的本能大声地、毫不害羞地哭过。没有这样的经历，大概不能成为一个真正的人。

当我们认识了世事，积累了感情，有了爱憎，当我们开始在意自己的形象和表情，哭，就成了问题。<u>哭再不可能是无意识的表情，眼泪，和悲哀、忧伤、愤怒、欢乐联系在一起。</u>

有说"姑娘的眼泪是金豆子",也有说"男儿有泪不轻弹",流眼泪,成了生命中的严重事件。

人人都经历过这样的严重事件。我想,当我的生活中消失了这样的"严重事件",当我的眼睛失去了流泪的功能,我的生命大概也就走到了尽头。

<u>心灵为什么博大?</u>因为心灵在成长的过程中,经历了无数细微的情节,它们积累,沉淀,像种子在灵魂深处萌芽,生根,长叶,最终会开出花朵。把心灵比作田地,心田犹如宽广的原野,情感和思索的种子在这原野里生生灭灭,青黄相接,花开不败。我们视野中的一切,我们思想中的一切,我们所有的喜怒哀乐,都在这辽阔无边的原野中跋涉驰骋。

生命纵然能生出飞舞的翅膀,却无法飞越命运的屏障,无法飞越死亡。我们只是回

> 任何生命都无法逾越死亡。那么活着的时候就好好珍惜吧,不断砥砺前行,人生才能有所收获。

旋在受局限的时空里,只是徘徊在曲折的小路上。对于个人,小路很短,尽头随时会出现。对于人类,这曲折的小路将永无穷尽。

活着,就往前走吧。我不知道前面会出现什么,但我渴望知道,于是便加快脚步。在天地之间活相同的时间,走的路却可能完全不同,有人走得很远,看见很多美妙的景色,有的人却只是幽囚于斗室,至死也不明白世界有多么辽远阔大。

我常常回过头来找自己的脚印,却无法发现自己走过的路在哪里,无数交错纵横的脚印早已覆盖了我的足迹。

仰望天空,我永远也不会感到枯燥和厌倦。飞鸟划过,把自由的向往写在天上。白云飘过,把悠闲的姿态勾勒在天上。乌云翻滚时,瞬息万变的天空浓缩了宇宙和人世的历史,瞬间的幻灭,演示出千万年的动荡曲折。

最神奇的,当然是繁星闪烁的天空。辽阔,

深邃，神秘，无垠……这些字眼，都是为夜空设置的。人间的神话，大多起源于这可望及而不可穷尽的星空。仰望夜空时我常常胡思乱想，中国的传说和外国的神话在星光浮动的天上融为一体。

嫦娥为了追求长生而投奔月宫，神女达佛涅为了摆脱宙斯的追求变成了一棵月桂树，嫦娥在月宫里散步时走到了达佛涅的月桂树下，两个同样寂寞的女神，她们会说些什么？

周穆王的八骏马展开翅膀腾云驾雾，迎面而来的，是赫利俄斯驾驭着那四匹喷火快马曳引的太阳车，中国的宝驹和希腊的神马在空中擦肩而过，马蹄和车轮的轰鸣惊天动地……

射日的后羿和太阳神阿波罗在空中相遇，是弓剑相见，还是握手言欢？

有风的时候，我想起风神玻瑙阿斯，他拍动肩头的翅膀，正在天上呼风唤雨，呼啸的大风中，沙飞石走，天摇地撼。而中国传说中的风姨女神，大概也会舞动长袖来凑热闹，长袖过处，清风徐来，百鸟在风中飞散，落花在风中飘舞……我由此而生出奇怪的念头：风，难道也有雌雄之分？

在寂静中，我的耳畔会出现荷马史诗中描绘过的"众神的狂笑"，应和这笑声的，是孙悟空大闹天宫时发出的漫天喧哗……

有时候，晴朗的夜空中看不见星星。夜空漆黑如墨，深不可测。于是想起了遥远的黑洞。

黑洞是什么？它是冥冥之中一只窥探万物的眼睛。它目力所及的一切，都会无情地被它吸入，消亡在它无穷无尽的黑暗里。也许，我和我的同类，都在它的视线之内，我们都在经历被它吸入的过程。这过程缓慢而无形，我们感觉不到痛苦，然而这痛苦的被吸入过程正在有条不紊地进行。

> 夜空，给人以想象与幻想的空间，"我"的思想和意识在夜空中驰骋和游走，完全超越了时空，美妙而奇幻。

那么，那些死去的人，大概是完成了这样的痛苦。他们离开世界，消失在黑洞中。活着的人们永远也无法知道他们被吸入黑洞一刹那的感觉。

发现了黑洞的霍金坐在轮椅上，他仰望星空的目光像夜空一样深不可测。

宇宙的无边无际，我从小就想不明白，有时越想越糊涂。天外有天，天外的天外的天又是什么？至于宇宙的成因，就更加使我困惑。据说，在极遥远的年代，宇宙产生于一次大爆炸，这威力巨大的爆炸使宇宙在瞬间膨胀了无数亿倍。<u>今天的宇宙，仍在这膨胀的过程中</u>。爱因斯坦的广义相对论为这样的"爆炸"和"膨胀"说提供了依据。

于是坐在轮椅上的霍金说话了："假如暴胀宇宙论是正确的，宇宙就包含有足够的暗物质，它们似乎与构成恒星和行星的正常物质不同。"

> 宇宙无边无际，它向来是神秘的。探索宇宙的奥秘，是一代又一代科学家的课题与使命。作者怀着一颗好奇心和童心，向苍茫宇宙发出种种疑问。

"暗物质",也就是隐形物质,据说它们占了宇宙物质的百分之九十。也就是说,在天地之间,大多数的物质,我都看不见摸不着,它们包围着我,而我却一无所知。多么可怕的事情!

科学家正在很辛苦地寻找"暗物质"存在的依据。这样的探寻,大概是人世间最深奥最神秘的工作。但愿他们会成功。

而我们这样平凡的人,此生大概只能观察、触摸那百分之十的有形物质。然而这就够了,这并不妨碍我的思想远走高飞。

一只不知名的小花雀飞到我书房窗台上。灰褐色的羽毛中,镶嵌着几缕耀眼的鲜红。这样可爱的生灵,还好没有归入隐形的一类。花雀抬起头来,正好撞到了我凝视的目光。它瞪着我,并不因为我的窥视而退缩,那对闪闪发亮的小眼睛,似乎凝集了天地间的惊奇和智慧。<u>它似乎准备发问,也准备告诉我</u>

> 人与鸟的目光相遇,似乎在用温和的眼神做交流。可以看出,作者对这快乐、可爱的小精灵充满了喜爱之情。爱一只小鸟,也是热爱生活的表现。

远方的见闻。

我向它伸出手去,它却张开翅膀,飞得无影去踪。

为什么,它的目光使我怦然心动?

微风中的芦苇姿态优美,柔曼妩媚,向世界展示生命的万种风情。微风啊,你是生命的化妆品,你用轻柔透明的羽纱制作出不重复的美妙时装,在每一株芦苇身边舞蹈。你把梦和幻想抛撒在空中,青翠的芦叶和银白的芦花在你的舞蹈中羽化成蝴蝶和鸟,展翅飞上清澈的天空。

微风轻漾时,摇曳的芦苇像沉醉在冥想中的诗人。

在一场暴风雨中,我目睹了芦苇被摧毁的过程。也是风,此时完全是另外一副面容,温和文雅不知去向,取而代之的是疯狂和粗暴,撕裂的绿叶在狂风中飞旋,折断的苇秆在泥泞中颤抖……这是一场实力悬殊的战争,是强大的入侵者对无助弱者的蹂躏和屠杀。

暴风雨过去后，世界像以前一样平静。狂风又变成了微风，踱着悠闲的慢步徐徐而来。然而被摧毁的芦苇再也无法以优美的姿态迎接微风。微风啊，你是代表离去的暴风雨来检阅它的威力和战果，还是出于愧疚和怜悯，来安抚受伤的生命？

芦苇无语。倒伏在地的苇秆上，伸出尚存的绿叶，微风吹动它们，它们变成了手掌，无力地摇动着，仿佛在表示抗议，又像是为了拒绝。

可怜的芦苇！它们倒在地上，在微风中在舔着伤口，心里绝不会有报仇的念头。生而为芦苇，永不可能成为复仇者。<u>只能逆来顺受地活下去，用奇迹般的再生证明生命的坚忍和顽强。</u>

而风，来去无踪，美化着生命，也毁灭着生命。有人在赞美它的时候，也有人在诅

暴风雨摧毁了芦苇，而芦苇却有着异常顽强的生命力，它们会奇迹般地再生，彰显着内在的坚韧与力量。它们隐忍又坚强，默默承受苦难，却又不屈从命运，柔韧地面对和迎接着一切艰辛与挑战。

咒它们。

无须从哲人的词典里选取闪光的词汇为自己壮胆。活在这世上，每一个人都具备了做一个哲人的条件。你在生活的路上挣扎着，你在为生存而搏斗，你在爱，你在恨，你在寻求，你在追求一个目标，你在为你的存在而思索，为你的行动而斟酌，你就可能是一个哲人。不要说你不具备哲人的智慧和深沉，即便你木讷少言，你也可能口吐莲花。

行者，必有停留之时。在哪一点上停下来其实并不重要。要紧的是停下来之前走了多少路，走到了什么地方，看见了一些什么。

将生命停止在风景美妙的一点上，当然有意思。即便是停止在幽暗之处，停止在人迹罕至的场所，停止在荒凉的原野，也不必遗憾。只要生命能成为一个坐标，为世人提供一点故事，指点一段迷津，你就不会愧对曾经关注你的那些目光。

生活的路途，从来不会处处平坦，每个人在世上活着，都需要克服种种困难，经历种种挫折，于坎坷人生路上苦苦拼搏、挣扎，寻求着人生的目标与价值。

生活的意义是宽泛的，只要能寻到自己的坐标，积极向上，不断努力，哪怕为社会为世人做出一点贡献，人生就会无憾。

我仰望天空，我知道上苍在俯视我。我头顶的宇宙就是上帝，我无法了解和抵达的一切，都凝聚在上帝的目光中，这目光深邃博大，能包容世间万物。

我想，唯一无法被上帝探知的，是我的内心。你知道我在想什么，我在憧憬什么，我在期待什么？上帝，你不知道，我也不会告诉你。如果你以为你已洞察一切，那么你就错了。

<u>是的，对于我的内心来说，我自己就是上帝。</u>

"我"主宰着"我"的内心和行动，"我"是一个独立的思考者，"我"有"我"的处世态度与追求，"我"听从自己内心的真实想法与感受，不盲从、不怯懦，愿做一个自尊自重、自强不息的人。

印象·幻影

早晨的阳光,从树荫中流射到窗帘上,光点斑驳,如无数眼睛,活泼,闪动,充满窥探的好奇,从四面八方飞落在我的眼前。我想凝视它们,它们却瞬间便模糊,黯淡,失去了踪影。我感觉晕眩,欲昏昏睡去,它们又瞬间出现,在原来亮过的飘动的窗帘上,精灵般重聚,用和先前不同的形态,忽明忽暗。活泼的年轻的眼睛,突然变成了老年人垂暮的目光,心怀叵测,怀疑着,惊惶着,犹疑着,无法使我正视。

你们是谁!

我睁大眼睛,视野里一片斑斓天光。那些不确定的光点不见了,光线变得散漫漂浮,仿佛可以将一切融化。眼睛们,已经隐匿其中,

> 文章开头用无数眼睛来比喻流射到窗帘上的光点,形象生动地表现了点点的跳跃与闪动,斑驳地洒落窗帘,营造出神秘梦幻的色彩,为全文的奇幻想象做了铺垫。

很将窗帘想象成从幽冥云间垂接下来的白色瀑布，这是多么新奇、大胆的想象，在雪光飞溅，水声轰鸣中，"我"变成了一粒水珠、一缕云气，开始了奇幻的梦之旅。作者以神来之笔为这梦描绘出瑰丽的色彩，插上轻盈的羽翼。

一定仍在窥探着，兴致勃勃，然而我已看不到。只见窗帘在风中飘动，如白色瀑布，从幽冥的云间垂挂下来，安静，徐缓，优雅。这是遥远的景象，与我间隔着万水千山。闭上眼睛，天光从我耳畔掠过，无数光箭擦着我的脸颊、我的鬓发、我的每根汗毛，飞向我身后。来不及回头看它们，我知道，远方那道瀑布，正在逼近，雪光飞溅，水声轰鸣，我即将变成一粒水珠，一缕云气，融入那迎面而来的大瀑布。

据说，梦境有彩色的，也有黑白的。有的人，永远做黑白的梦。我很多次在梦醒后回忆自己的梦是否有颜色，有时一片混沌，色彩难辨，有时却很清晰地想起梦中所见的色彩。

曾经梦见海，应该是深沉的蔚蓝，却只见黑白，海浪翻涌，一浪高过一浪，浓黑如墨，浪尖上水花晶莹耀眼，是雪亮的白色。在浪涛的轰鸣声中忽然听见尖利的鸟鸣，却无法见到鸟的身影。自己仿佛是那黑色浪涛中的一分子，黑头黑脸地上上下下，在水底时昏黑一片，升到浪峰时又变成晶莹的雪白。我留恋那光明的白色，却只能在一个瞬间维持它的存在，还没容我喘息，复又进入那无穷无尽的黑。而鸟鸣总在持续，时远时近，时而如欢乐的歌唱，时而像悲伤的叹息，有时又像一个音域极高的女声，优美而深情。那声音如天上的光芒，照亮了黑色的海，浪尖上那些晶莹耀眼的雪花，就是这歌声的反照。我在这黑白交错中转动着翻腾着，虽然昏眩，有一个念头却愈加强烈：

那只鸣唱的鸟呢？它在哪里？它长得什么模样？

我追随着那神秘的声音，睁大了眼睛寻找它。在一片浓重的黑暗消失时，婉转不绝的鸟鸣突然也消失，世界静穆，变成一片灰色。灰色是黑白的交融，海水似乎变成了空气，在宇宙中蒸发，消散，升腾。我难道也会随

> 这激荡的梦境中出现的黑色与白色，鸟鸣、光芒、歌声、海水，在交织动荡中演奏出一首壮丽的命运交响曲，这是梦境，又恰似多彩多姿又跌宕起伏的人生！

之飞翔？鸟鸣突然又出现，是一阵急促的呼叫。海浪重新把我包裹，冰凉而炽热。这时，我看见了那只鸟。那是一点血红，由远而近，由小而大，漾动在黑白之间。我仰望着它，竟然和它俯瞰的目光相遇，那是红宝石般的目光。

它是彩色的。

为什么，我不喜欢戴帽子？哪怕寒风呼啸，冰天雪地，我也不戴帽子，<u>与其被一顶帽子箍紧脑门，我宁愿让凛冽的风吹乱头发。</u>彩色的帽子，形形色色的帽子，如绽开在人海中的花，不安地漂浮，晃动，它们连接着什么样的枝叶，它们为何而开？

童年时一次帽子店里经历，竟然记了一辈子。

那时父亲还年轻，有时会带我逛街。一次走进一家帽子店，父亲在选购帽子，我却被商店橱窗里的景象吸引。橱窗里，大大小小的帽子，戴在一些模特脑袋上。模特的表

"我"不喜欢戴帽子，因为帽子在"我"眼中，似乎是一种限制人头脑的桎梏。而且因为小时候那个奇怪的梦，"我"对于帽子更是心生芥蒂。那个噩梦，让"我"于惊悚中似乎窥到人世间的狡诈。

情清一色，淡漠，呆板，眉眼间浮泛出虚假的微笑。有一个戴着黑色呢帽的脑袋，似乎与众不同，帽子下是一张怪异的脸，男女莫辨，一大一小两只不对称的黑色眼睛，目光有些逼人，嘴唇上翘的嘴微张着，好像要开口说话。我走到哪里，他好像都追着我盯着我。我走到他面前，他以不变的表情凝视我，似在问：喜欢我的帽子吗？黑色的呢帽，是一团乌云，凝固在那张心怀叵测的脸上。假的脸，为什么像真的一样丑陋？

几天后的一个深夜，我竟然在梦中和那个脑袋重逢。我从外面回家，家门却打不开，身后传来一声干咳。回头一看，不禁毛骨悚然：帽子店里见过的那个脑袋，就在不远处的地下待着，戴着那顶黑色呢帽，睁着一大一小的眼睛，诡异地朝我微笑。他和我对峙了片刻，突然跳起来，像一只篮球，蹦跳着滚过来。我拼命撞开家门，家里一片漆黑，本来小小的屋子，变得无比幽深。我拼命喊，喉咙里却发不出声音，拼命跑，脚底却像注了铅，沉重得无法迈动一步。而身后，传来扑通扑通的声音，是那个脑袋正跳着向我逼近……

这是个没有结局的梦。在那个脑袋追上我之前，我已被惊醒。睁开眼睛，只见父亲正站在床前，温和慈祥地俯视我。

> 亲人，永远是这个世间最温暖的依靠。父亲慈祥的目光化解了梦中的一切惊悚与恐怖。

沉默的泥土，潜藏着童心的秘密。

我埋下的那粒小小的牵牛花种子，正在泥土下悄悄发生变化。每天早晨，浇水，然后观察。沉默的泥土，湿润的泥土，庄严的泥土，虽然只是在一个红陶花盆里，在我眼里，这就是田地，就是原野，就是大自然。种子发芽，如蝴蝶咬破茧蛹，也像小鸟啄破蛋壳，两瓣晶莹透明的幼芽从泥土的缝隙里钻出来，迎风颤动，像两只摇动的小手，也像一对翅膀，招展欲飞。我分明听见了细嫩而惊喜的欢呼，犹如新生婴儿在快乐啼哭。那孕育哺养拱托了它们的泥土，就是温暖的母腹。

> 这是生命拔节的声响，是有节奏的生命律动，让人不禁感叹泥土孕育万物生长的大爱与温情。

幼苗天天有变化。两瓣嫩叶长大的同时，

又有新的幼芽在它们之间诞生，先是芝麻大一点，一两天后就长成绿色的手掌和翅膀。有时，我甚至可以看见那些柔软的细茎迎风而长，不断向上攀升。它们向往天空。我为它们搭起支架，用一根细细的棉纱绳，连接花盆和天棚。这根纱绳，成为阶梯，和枝叶藤蔓合而为一，缠绕着升向天空。一粒小小的种子，竟然萌生繁衍成一片绿荫……

如果种子的梦想是天空，那么，目标很遥远。它们开过花，像一支支粉红色的喇叭，对着天空开放。花开时，那些小喇叭在风中摇曳，吹奏着无声的音乐。<u>我听见过它们的音乐，那是生灵的欢悦，也是因遗憾而生的哀叹。</u>

凄美的是秋风中的衰亡。绿叶萎黄了，干枯了，一片片被风打落，在空中飘旋如蝴蝶。没有任何力量可以阻止这衰落。

我发现了它们传宗接代的秘密。在花朵脱落的地方，结出小小的果实，果实由丰润

> 喇叭花对着天空开放，向天空发出它们生命的喧响，他们吹奏出无声音乐，就是它们生命的豪歌，它们是有色彩的生灵，它们欢悦着、幸福着。可是那些种子当初的梦想是高远的天空，目标那样空茫遥远，似乎是不切实际，它们为不能实现这个梦想而遗憾哀叹。

而干瘪，最后枯黄。这是它们的籽囊。一个有阳光的中午，我听见"啪"的一声，极轻微的声音，是籽囊在阳光下爆裂，黑色的种子，无声地散落在泥土里……

生命成长、消亡、轮回的过程，是天地间最平凡最奇妙的事件。

假如没有那道光束，世界在我的印象中就是幽暗和纯净。曾躺在一间没有窗户的房间里，周围的空间，似乎无穷无尽，没有边际，世界就在这幽暗中延伸，一直延伸到我难以想象的遥远。睁开眼睛和闭上眼睛，感觉是一样的。我的身心，也是一片无形的幽暗，静静地飘荡融合在这辽阔无边的空间中。

在昏黑之中，可以自由地大口呼吸，感觉并不闭塞。吸进来的空气，似有旷野的清新，草的气息，树叶的味道，人群奔跑时扬起的尘埃……然而这只是想象。我无法看不见空气，也许永远看不见。

这时，突然出现一道光，从屋顶的某个部位射入，如一柄神奇的宝剑，飒然劈下。那是墙上一个小小的洞孔，在天上运行的太阳此刻恰好直对着它，阳光便直射进来。幽暗中的这道光，成为连接了屋顶和地面一座桥，它的长度，标出了屋子的高，也映照出相隔不远的四壁，实在是低矮狭窄的一个小小空间。想象中的阔大顿时消失。光柱竟然并不虚空，如同一根透明雪亮的水晶柱，无数浮游物在里面飘动，如烟雾萦绕。这是屋子里的灰尘。想象中的纯净也荡然无存。

光柱消失后，<u>屋里又恢复了幽暗。然而，那个阔大纯净的空间再也不会回来。</u>哪怕闭上眼睛，也能感到，墙壁，天花板，从四面八方向我压过来，灰尘在我周围飘浮……

沿着长长的一堵高墙，走。墙迎面而来。往前看，是无尽的墙，往上看，不见天，和墙相连的，也是类似墙的实体。无法确定是

> 这想象中的幻境是理想境地的象征，现实终究是现实，无法等同理想状态。那些黑暗与白昼交织、悲欢离合相融的生活，才是真切的现实。

在屋里还是在屋外。沿墙走,找门。

这墙上竟无门,不知走了多久,除了墙,还是墙。然而还是得走,不相信这世界的所有,就是灰色水泥和砖石的垒积。

终于看见了一扇门,狭窄而矮小,粗糙如铅,推门,却不觉沉重,未用力,门已自动开启。低头,侧身,进入。墙原来很薄,如纸。

门在背后关阖,轰然有声。那是发生在厚墙和大门之间沉闷的响声。

因不知是在墙里还是墙外,进门,仍无法判断我是进入还是走出。眼前还是墙,只是有了不规则的四壁,四壁之上,却犹如夜空,有群星闪烁,星光背后,无穷的幽暗。

还有更大的不同:墙上,到处是门。方的门,圆的门,古老的门,现代的门,中式的木门,西洋的铁门,形形色色,看得我眼花。我必须选择一扇门进入。门里,或者是更封闭的世界,或者是自由。

> 这墙上形形色色的门,象征着不同的出路与人生选择,究竟要进入哪一扇门,要听从自己内心真实的想法,内心的召唤,告诉自己,究竟想要什么样的生活。

一扇暗红色的门，门楣上雕刻着古老的符号，马车，武士，云纹，龙，门上有铜环，衔于奇兽之口。奇兽面目狰狞，怒目圆睁，龇牙咧嘴，似在问：你敢进来吗？

一扇金黄色的门，门上镶嵌着五彩的宝石，光芒如刀剑四射，让人难以直视。门上有把手，光洁莹亮，看得出，有无数手曾经抚摸转动过它。

一扇石门，粗看似无，仔细看，才发现细小紧密的门缝。想透过门缝窥探门外，有陈腐的冷气嗖嗖扑面。

发现了一扇木门，小而简朴，由几块木板拼合而成，像我当年在乡下常见的农家屋门。伸手抚摸那门，摸到了木板上天然的花纹，这是树的年轮，是生命成长的展痕。我抚摸着木门上的花纹，眼前仿佛出现了活生生的树，青枝交错，绿叶婆娑，花朵在枝叶间绽放，鸟翅美妙地掠过……

<u>我用力推开那木门，门外的景象，竟然</u>

"我"最终选择了那扇简朴的木门，那里可以自由地放飞心灵，安放灵魂，那里有大自然赋予的天籁之音，有盎然的绿意和灿烂的阳光！

完全如同我的幻想。门外是树林,是自由的天籁。我大步走出去,轻盈如风。回头看,墙和门竟已无迹可寻,只有绿树蔓延。抬头看,天光正从枝叶间灿烂射入。